KB132879

세상에 대하여 우리가 더 잘 알아야 할 교양

58

지은이 소개

영화감독 **한기중**

한기중 감독은 전주에서 태어났고, 전북대학교 공과대학 토목공학과에서 공부했습니다. 전북대학교 영화동아리 '필름'에 가입하여 전 세계에서 만들어진 다양한 영화를 보면서 영화 인생을 시작했습니다. 학교를 그만두고 서울로 올라와 독립 영화 집단 '삼분의 이'를 조직하여 다수의 단편 영화 작업에 참여했습니다. 그 후, 충무로에 들어가 조감독 생활부터 시작했고 독립 영화의 기획과 프로듀서로 활동했습니다. 이때, 젊은 영화감독들 중 몇몇은 기존 틀에 박힌 충무로 영화와 다른 새로운 작가주의 영화를 만들어 보자는 움직임이 일었고, 한기중 영화 감독도 적극적으로 동참했습니다. 현재, 〈돼지의 최후〉라는 독립 장편영화를 연출하여, 후반 작업에 매진하고 있습니다. 지금도 〈돼지의 최후〉를 올릴 상영관을 찾을 수 있기를 학수고대하고 있습니다.

세상에 대하여 우리가 더 잘 알아야 할 교양

한기중 지음

58

스크린 독과점

축복인가? 독인가?

내인생의책

차례

※ 본문의 **굵은 글씨**로 표시된 단어는 101페이지 용어 설명에서 찾아보세요.

들어가며: 스크린 독과점, 축복인가? 독인가?

작년 여름, **다큐멘터리** 감독인 한 후배를 만났습니다. 그 후배는 곧 개봉할 영화 〈파밍보이즈〉의 **포스트프로덕션**(후반 작업)에 한창이었어요. 〈파밍보이즈〉는 농부의 삶을 꿈꾸는 세 젊은이에 대한 이야기예요. 자신들이 하고 있던 일을 때려치우고 무일푼으로 세계 여행을 떠난 뒤, 자신들과 같은 꿈을 가진 사람들을 하나둘 만나는 과정을 담은 다큐멘터리 영화죠. 청년들이 자신들 앞에 직면해 있는 인생의 난관을 헤쳐 나가는, 건강한 내용을 담고 있는 작품이에요.

"형, 영화 상영할 만한 지방 공동체나 단체……. 혹시 아는 데 있어요?"

그 후배 감독은 영화 작업이 다 끝나 가는데 어디에서 영화를 상영해야 할지 몰라, 극장을 찾고 있다고 했어요.

"음…… 내가 아는 곳에……. 일단 연락해 볼게."

저는 영화를 거의 다 완성했지만 상영할 극장이 없어서 고민하는 후배가 안타깝지만 뾰족한 수는 사실 없었어요. 하지만 기운이 없어 보이는 후배에게 기분 전환도 시켜 줄 겸, 그 당시 화제가 되고 있던 〈직지코드〉라는 다큐멘터리 영화를 보러 가자고 제안했죠.

〈직지코드〉는 '**구텐베르크**의 금속 활자가 우리 고려의 인쇄술의 영향을 받았을 것'이라는 가설로 시작해서, 그 사실 여부를 확인해 가는 과정을 기록한 '추적 다큐멘터리'에요. 한국인으로서 긍지를 느낄 수 있을 만한 흥미진진한 이야기였죠. 그래서 우리는 우리가 만나고 있던 곳에서 가장 가까운 **멀티플렉스(Multiplex)** 극장을 찾았어요.

그런데 극장이 20개인 멀티플렉스 극장 어디에도 〈직지코드〉는 상영되고 있지 않았죠. 온통 〈스파이더맨 : 홈커밍〉으로 도배가 되어 있었어요. 〈직지코드〉 말고 다른 영화를 볼 수 없기는 마찬가지였어요. 우리는 뭔가 '선택을 강요당한 듯한 느낌'을 받았고, 결국 영화 보기를 포기할 수밖에 없었죠.

나중에 자료를 찾아보니, 〈스파이더맨 : 홈커밍〉은 전국 상영관이 1,965

▌ 멀티플렉스 극장에서는 인기 있는 상업 영화만을 주로 상영하고 있어, 다른 영화를 보기가 쉽지 않다.

개나 되었다고 해요. 그때 개봉한 우리나라 영화 〈군함도〉 역시 개봉관 수가 2,027개였죠. 우리나라에 있는 극장 **스크린 수**를 다 합치면 2,281개(2016년 1월 기준) 정도 됩니다. 그렇다면 〈스파이더맨 : 홈커밍〉이나 〈군함도〉가 개봉하면 2,000개 정도의 영화관을 순차적으로 차지해서 상영하게 되고, 나머지 개봉을 기다리는 수많은 영화들은 200개 정도의 영화관만 나누어 개봉해야 한다는 말이 돼요.

결국, 그 후배 감독의 〈파밍보이즈〉는 전국 24개 극장에서 개봉되었고, 〈직지코드〉는 39개 극장에서만 선을 보일 수 있었다고 해요. 만약 우리가 〈파밍보이즈〉나 〈직지코드〉를 극장에서 보려면 정말 많은 수고를 하지 않으면 안 돼요.

물론, '24개나 39개 극장을 확보했으면 괜찮지 않을까?' 하고 생각할 수도 있어요. 하지만 실제로는 전혀 그렇지가 않아요. 전국에서 24개나 39개 극장에서 상영했다는 것은 바로 다음과 같은 상황에 처했다는 것을 의미해요.

〈파밍보이즈〉는 농부의 삶을 꿈꾸는 세 젊은이들의 이야기를 담은 다큐멘터리 영화예요.

찾기 힘든 변두리 영화관에서 영화가 상영되는 경우이거나 관객이 없는 이른 시간이나 심야 시간 때에만 상영하는 경우일 것이고, 아니면 매우 짧은 시일만 상영해야 하는 상황임을 뜻해요. 그렇기 때문에 전국 24개나 39개 극장을 확보했다는 것은 그 영화 보기가 하늘에 별 따기가 되었음을 의미합니다. 몇 년에 걸쳐 피땀 흘려 만든 후배 감독의 〈파밍보이즈〉는 그렇게 짧은 생애를 살고 사라지게 될 것이고, 앞으로 극장에서는 보고 싶어도 볼 수 없는 영화가 될 것이라는 소립니다.

"내가 자장면 사 줄게. 먹으러 가자."

만약 여러분이 오랜만에 친구를 만나 친구가 좋아하는 자장면을 사 주고 싶어 식당가에 갔는데 모든 식당에서 김치찌개와 된장찌개만 판다면 어떻게 해야 할까요? 과연 여러분에게 정당하게 선택할 권리가 주어졌다고 할 수 있을까요?

어쩌면 겉으로는 자유롭게 선택할 수 있을 것 같기는 하겠지만, 실제로는 선택을 강요당하고 있는 것이 아닐까요? 공급자가 제공하고 있는 A와 B 중 하나를 선택할 수만 있지, 내가 보고 싶은 또 다른 C를 선택할 수는 없는 상황이니까요. 이것은 꼭 영화에만 한정된 이야기는 아닐 거예요.

이런 선택의 강요와 관련한 문제가 바로 최근 한국 영화에서 논란이 일어나고 있는 '스크린 독과점'이라는 거예요. 안타깝지만, 현재 우리는 많은 극장을 가진 거대 자본가들이 기획하고 제작한 영화밖에 볼 수 없는 그런 황당한 상황에 처해 있답니다.

1

CHAPTER

문화 침략 저지와 스크린쿼터 사수

미국은 한국 영화의 스크린쿼터에 문제가 있다고 압박했고, 그에 대해 찬성론도 있었습니다. 하지만 문화 주권 침해라며 반발하는 움직임도 있었습니다. 결국, 2006년에 한국 영화 의무 상영 일수는 73일로 축소되었습니다. 하지만 그 후 한국 영화 산업은 최고의 전성기를 구가하게 되었다고 할 수 있습니다. 거대 자본이 한국 영화계에 유입이 되었기 때문이죠.

어느 날, 길을 걸어가다가 아무 생각 없이 휘파람을 불었어요. 그런데 문득 그 휘파람 곡이 미국 국가인 '성조가' 라는 걸 깨달았어요. 아무 생각 없이 부른 휘파람 곡이 다른 나라 국가란 사실을 뒤늦게 알고 나서 깜짝 놀랐죠. 여러분에게 들려주면 틀림없이 '아하~' 하고 금방 알아차릴 만한 곡이에요. 하지만 아무도 그 곡을 저에게 일부러 가르쳐 주진 않았죠. 저는 어디서 배운 적이 없어요.

"이게 어떻게 된 일일까?"

진지하게 고민해 보았어요. 그리고 얼마 지나지 않아 그 까닭을 알아차렸어요. 할리우드 영화를 어릴 적부터 보아 온 저에게 그 리듬이 알게 모르게 체득된 거죠.

요즘 한류 열풍으로 일본을 비롯하여 중국 등 아시아 문화권에는 한국 영화가 많이 알려져 있어요. 아시아 사람들에게 우리 문화가 자연스럽게 전파되고 있다고 볼 수 있죠.

우리는 '**치맥**'이라는 우리의 음식 문화를 일부러 홍보한 적이 없습니다. 하지만 현재 일본, 중국 및 동남아는 물론, 미국이나 유럽까지도 한국의 '치

'치맥'은 치킨과 맥주를 줄여서 부르는 말이다. 현재 '치맥'은 우리나라의 드라마와 영화를 통해 세계인들에게 알려지고 있다.

맥'에 대해서 알고 있어요. 그건 그들이 드라마나 영화 등을 통해 한국 문화를 보고 간접적으로 취득한 탓이에요. 이렇게 한국 문화가 전 세계에 소개된다면, 세계인들이 언젠가 우리 애국가를 휘파람으로 불고 다닐지도 몰라요.

중학교 시절, 지금은 '재키 챈'으로 유명하지만, 당시에는 '성룡'이란 이름으로 알려진 배우가 있었어요. 그가 출연한 〈취권〉이라는 홍콩 무협 영화가

집중탐구 '스크린쿼터'란 무엇인가?

스크린쿼터 제도는 극장의 총상영 일수 중 일정 일수 이상을 자국 영화를 상영하도록 하는 제도다. '국산 영화 의무 상영제'라고도 부른다. 간단히 말하면, 1년 365일 중에 일정 기간은 '한국 영화를 무조건 상영해야 한다.'고 강제하는 제도다.

우리나라에서 개봉되었죠. 자신의 스승을 죽인 악당을 상대하는 성룡은 강한 힘을 가진 상대와 겨루어야만 했어요. 그래서 성룡은 술을 마시면서 권법을 펴는 '취권'을 익혀, 스승의 원수에게 복수한다는 내용을 담고 있었죠. 저와 제 친구들은 그 영화를 보고 나서 성룡의 '취권'을 흉내 내며 놀았어요. 그 후로 저는 그 영화를 네 번이나 더 보고도 성이 차지 않았는지, 부모님을 졸라서 결국 쿵푸 도장을 다니기까지 했어요.

이런 것들을 볼 때, 영화가 갖고 있는 힘이 어느 정도인지 알 것 같죠. 문화는 우리들이 미처 알지 못하는 사이에 우리의 말과 행동에 큰 영향력을 미치죠. 그래서 스크린쿼터 축소를 반대하는 사람들은 영화 시장의 완전 개방이 우리의 문화 주권을 잃게 만드는 일이라고 주장을 했던 거죠.

영화 〈취권〉을 보고 나서, 저자는 부모님을 졸라 쿵푸 도장에 다니기도 했다.

영화 〈올드보이〉는 2004년 **칸영화제**에서 심사 위원 대상을 받은 작품이에요. 그 수상 성과를 인정받아, 거기에 출연한 주연 배우 최민식은 국가로부터 **육관문화훈장**을 받기도 했죠. 하지만 2006년, 최민식은 육관문화훈장을 반납하러 문화관광부를 항의 방문했어요. 그리고 이런 말을 남겼죠.

〈올드보이〉가 칸영화제에서 심사 위원 대상을 수상할 당시, 프랑스 칸에 울려 퍼진 〈올드보이〉 테마곡이 아직도 귓전에 생생합니다. 당시 세계 영화인들은 한국이 미국의 문화 패권주의에 대항할 수 있는 스크린쿼터 제도를 갖고 있다는 점을 부러워했습니다.

우리나라의 '스크린쿼터 지키기 운동'은 그해(2006년) 칸영화제까지 이어졌고, 프랑스도 한국의 스크린쿼터 지키기 운동에 대해 관심을 보였어요. 또 전국적으로 이를 지지하는 운동이 벌어지기도 했어요. 2006년 2월 광화문 사거리에서는 '문화 침략 저지 및 스크린쿼터 사수'라는 명분으로 배우 안성기

전문가 의견

할리우드 영화가 전 세계 영화 시장의 80~90%를 장악한 현재의 상황은 우리 인류에게 재앙이나 다름없다. 스크린쿼터는 영화 독과점 현상에 대한 유일한 견제 장치이며, 영상 문화의 다양성 확보를 위한 마지노선이다.

– 배우 문성근

를 시작으로 박중훈, 장동건으로 이어지는 1인 시위가 시작됐어요.

배우 안성기 *스크린쿼터가 없으면 할리우드 영화의 독점이 가능하고, 그만큼 우리 영화를 볼 수 있는 기회를 갖기 어려워집니다.*

배우 박중훈 *한 해 800편을 만들어 엄선된 200편을 세계 시장에 내놓는 할리우드와 70편을 만들어 10편 남짓한 영화가 성공하는 한국 영화를* **적자생존**_의 논리로 그냥 둘 수는 없습니다. 현실적인 장애가 있는데 그게 국민들에게 전달이 안 되는 게 가장 안타깝습니다._

배우 장동건 *아무리 영화를 잘 만들어도 소개할 공간이 없으면 안 됩니다. 지키지 않으면 한국 영화는 사라집니다.*

하지만 여기에 반대 의견을 갖고 있는 사람들도 꽤 많았어요. 그 당시 스크린쿼터 지키기에 반대를 외치는 사람들은 스크린쿼터를 지켜내자는 영화인들의 행동을 곱지 않은 시선으로 바라봤어요.

"다른 분야는 다 **자유무역협정(FTA)**을 하는데 왜 유독 영화만 안 한다고 생떼를 쓰는 거야?"

"저건 영화인들이 지 밥그릇을 챙기려는 수작이지."

"솔직히 미국 영화가 한국 영화보다 훨씬 더 잘 만들어졌고, 재미도 있잖아."

우리에게는 우리 고유의 문화와 사상이 우리의 정신 속에 자리 잡고 있어요. 영화는 사람들의 삶에 대한 이야기이기에 우리 고유의 사상이 고스란히 반영됨은 물론, **선동성**과 **세뇌성**도 강한 매체에요. 그래서 1917년 **볼셰비키 혁명** 이후 **구소련**에서는 영화를 국가 선전·선동의 도구로 활용하기도 했죠. 영화가 단순한 오락거리가 아니라, 대중들의 교육과 계몽의 도구로 사용될 수 있다는 사실을 알았던 거죠.

스크린쿼터가 반으로 줄어들면 우리 문화가 위축될 수밖에 없어요.

영화는 막대한 자본을 투여하여 제작하고, 또 흥행이 되면 엄청난 수익을 거두어요. 그래서 영화는 산업이면서도 예술이라고 하는 독특한 이중적 성격을 갖고 있죠. 영화를 산업적 논리로만 생각한다면 한국 영화는 할리우드 영화를 이겨내기가 힘들어요.

세계 시장을 상대로 하는 할리우드 영화와 주로 한국 시장과 아시아 시장을 상대로 하는 한국 영화는 시장 논리상으로 비교할 수 있는 상황이 못

1917년 러시아 볼셰비키 혁명. 러시아는 사회주의 혁명을 전파하기 위하여 영화를 대중들의 교육과 선전의 도구로 사용했다.

되죠. 막대한 자본을 투입하여 제작한 할리우드 영화가 엄청난 홍보비까지 투입하여 흥행을 노리면 한국 영화는 그야말로 백전백패할 수밖에 없죠.

한편, 문화 주권이라는 측면에서 수많은 영화인들은 스크린쿼터를 통해 우리의 문화와 정서가 담긴 한국 영화를 지켜내야 한다고 주장했습니다. 그래서 스크린쿼터 축소가 국내 영화 산업을 몰락시키는 계기가 될 것이라고 여기는 사람들이 많았습니다.

찬성과 반대 스크린쿼터 축소에 대한 찬반론

스크린쿼터를 지키자는 의견

1. 한국 영화 시장의 위축

대규모 자본이 투자된 할리우드 영화를 소자본의 한국 영화가 상대하기는 힘들다. 그렇다 보면 점점 한국 영화의 투자 제작 상황이 열악해져 한국 영화 시장은 위축될 것이다.

2. 문화 산업의 중요성

스크린쿼터 축소로 영화 산업이 위축될 경우 문화 정체성을 잃게 된다.

스크린쿼터를 해제하자는 의견

1. 대미 관계에서의 실익 추구

미국과의 관계에서 자동차 등 다른 주요 산업에서 더 큰 실익을 기대할 수도 있다.

2. 우리 영화 산업의 자체 경쟁력 확보

스크린쿼터를 토대로 우리 영화 산업이 성장해 온 것은 사실이나 이제 영화 자체의 경쟁력으로 승부해야 할 때가 되었다.

집중탐구 역대 세계 최고 제작비의 영화 VS 역대 한국 최고 제작비의 영화

세계에서 가장 제작비가 많이 든 영화는 2011년에 개봉했던 〈캐리비안의 해적 4 : 낯선 조류〉다. 이 영화는 제작비만 우리나라 돈으로 약 3,800억 원이 들었다. 한국 영화 중 역대 최고의 제작비로 제작된 영화 1위는 437억 원의 〈설국열차〉이지만 외국 배우들이 많이 참여했고 제작도 다른 나라에서 했다. 이를 제외하면 〈신과 함께〉가 될 듯하다. 1, 2편을 합쳐 400억 원 정도가 들었다고 한다.

게다가 스크린쿼터 축소가 한국 문화의 **정체성**을 훼손시키는 일이라고 여겨, 이를 격렬히 반대하는 사람들도 늘어났어요. 하지만 미국은 스크린쿼터가 한·미 투자협정과 관련해 '자국 생산물의 사용을 강제해서는 안 된다.'는 조항에 위배된다며 계속 한국 정부를 압박했어요.

결국, 정부는 한미 자유무역협정의 체결을 위해 미국 측 요구를 전면 수용하여, 2006년 1월 국내 영화 상영 일수를 기존 146일이었던 것을 73일로 축소했고, 이는 현재까지 유지되고 있어요.

한국 영화의 재도약과 한국 거대 영화사의 탄생

스크린쿼터 축소를 시행한 이후, 바로 이듬해부터 한국 영화는 암울한 결과를 맞이했어요. 하지만 그 후 한국 영화는 이를 이겨내며 선전을 거듭했어요. 자본으로는 할리우드 영화를 따라갈 수 없었지만, 다양한 소재와 짜임

집중탐구 **스크린쿼터의 변천**

1966년	연간 6편 이상의 한국 영화 상영과 연간 90일 이상의 상영 일수 준수 의무화
1970년	연간 3편 이상, 총상영 일수 30일 이상 의무화로 축소
1973년	연간 상영 일수 1/3 이상, 즉 121일을 의무화하는 것으로 강화
1985년	연간 상영 일수 2/5이상, 즉 146일로 더욱 강화
2006년	146일에서 73일, 즉 절반으로 축소

새 있는 이야기로, 한 해에 천만 관객을 넘는 영화들을 몇 편씩 만들어 내는 저력을 발휘했죠. 스크린쿼터로 인해 암울할 거라고 생각했던 한국 영화가 의외로 선전을 하자 대기업의 자본들이 한국 영화에 주목하기 시작했습니다. 한국 영화가 할리우드 영화에 경쟁력이 있다는 것을 안 거죠. 속된 말로 돈이 된다는 것을 알아본 것입니다.

그런데 놀랍게도 한두 편 할리우드를 제치는 흥행 기록에 그칠 것으로 봤던 한국 영화가 연신 할리우드 영화를 앞서며 흥행 기록을 갈아치웠어요. 그러자 자연스럽게 스크린쿼터제를 통해 할리우드 영화로부터 한국 영화를 보호하자는 주장은 우리의 관심사에서 사라져 버리게 되었어요.

그 후, 스크린쿼터가 축소된 한국 영화 시장을 잠식해 나간 것은 CJ엔터테인먼트(CJ E&M), 롯데엔터테인먼트, 쇼박스라는 거대 자본을 가진 한국의 배급사(이 글의 배급사는 제작사 혹은 투자사와 다른 말이지만 동의어로 보고 읽어도 무방하다. 사실 현장에서도 혼용되어 쓰이고 있다)이었어요.

집중탐구 스크린쿼터 축소 이후 한국 영화의 몰락

스크린쿼터 축소를 시행한 다음 해(2007년) 동국대 대중문화연구소 분석 자료에 의하면 "스크린쿼터가 축소되면서 투자 수익률이 악화하고 제작·개봉 영화 편수가 줄었다."며 "올 상반기 한국 영화 가운데 멜로, 코미디, 액션, 공포, 스릴러, 드라마가 전체의 86%를 차지할 정도로 장르 편중 현상도 심해졌고 영화계 일자리는 지난해 상반기보다 1천80개 줄었다."고 밝혀졌다. 그리고 "올 상반기 한국 영화 점유율이 2001년 이래 가장 낮아졌고, 미국 직배사들의 점유율은 최근 3년간 59.1%나 증가했다."고 설명했다.

– 2007년, 동국대, 대중문화 연구소 분석 자료 중에서

할리우드 영화가 아닌 우리나라의 영화가 선전을 거듭하자, 사람들은 오히려 한국 영화의 산업화에 열광하게 되었어요.

하지만 스크린쿼터를 통해 우리 문화를 지키고 영화의 다양성을 지켜 나가자는 정신은 한국 영화 시장을 장악해 나가며 힘을 갖기 시작한 대기업들에게는 처음부터 관심의 대상이 아니었어요. 한국 대기업의 생리는 할리우드 영화의 그것과 이란성 쌍둥이라고 할 수 있습니다.

대기업들은 한국 영화 제작에 투자하기 시작했고, 그야말로 돈이 될 만한 영화를 찾게 되었어요. 돈이 될 만한 영화가 찾아지지 않으면 돈이 될 만한 영화를 제작했어요. 그렇게 그들이 제작, 투자한 영화들을 그들이 가진 수많은 극장, 즉 멀티플렉스 상영관을 최대한 활용해 상영하는 방식으로 수익을 안정화, 극대화하며 몸집을 불려 갔어요.

▌ 한국의 3대 메이저 극장 체인 멀티플렉스 상영관. CGV, 롯데시네마, 메가박스

할리우드 영화가 가져갈 수익들을 우리 대기업들이 가져가게 되면서, 오히려 앞에서 밝혔듯 대중은 환호했죠. 영화로 번 돈을 한국 영화에 재투자할 것이기에, 우리의 문화와 사상을 제대로 반영할 인프라가 탄탄해질 것이

생각해 보기

세계는 현재 나라별로 무역의 장벽을 허무는 자유무역협정을 맺고 이를 존중하고 있다. 영화를 산업적 측면으로 보면, 자유무역협정을 적용해야 한다. 그렇다면 시장을 전면 개방해야 한다는 말이 맞을 수도 있다. 하지만 영화의 다른 예술적 측면, 문화적 측면으로 본다면 시장의 전면 개방으로 자국 문화가 거대 자본을 가진 나라의 문화에게 압사당할 수 있다.
그렇다면 영화를 산업적 측면으로 봐서 시장을 개방해야 옳은 걸까? 아니면 문화적 측면을 고려해서 스크린쿼터를 사수하는 게 옳은 걸까?

라고 믿었기에 대중의 환호는 어찌 보면 당연한 것이었어요. 하지만 그러는 동안, 안타깝게도 문화의 다양한 가치를 품고 있는 작은 영화들이 설 자리는 점점 사라지고 있었어요. 이처럼 할리우드 영화나 한국 대기업이 투자한 영화는 '영화의 산업화'라는 측면으로는 똑같은 속성을 가졌다고 할 수밖에 없어요.

그들은 막대한 자본력과 그들이 장악한 시스템으로 우리가 다양하게 누려야 할 예술의 가치와 자유로운 문화 향유를 가로막은 거죠. 그중 가장 대표적인 현상이 '스크린 독과점'이에요.

산 넘어 산이라고 스크린쿼터제를 제대로 넘지도 않았는데, '스크린 독과점'이라는 또 다른 큰 산이 우리 앞에 놓이게 된 거죠.

간추려 보기

- 과거, 한국 영화 자체의 경쟁력으로 승부해야 한다는 스크린쿼터 폐지 찬성론자와 한국 영화 시장의 위축과 문화 정체성을 지켜내자는 스크린쿼터 폐지 반대론자의 입장이 있었다.
- 스크린쿼터 축소 이후 1년, 제작·개봉 영화 편수가 줄었고, 장르의 편중 현상이 심해졌으며, 영화계 일자리도 줄어들었다.
- 한국 영화 의무 상영일이 축소되었음에도 한국 영화는 다양한 소재와 짜임새 있는 이야기로, 천만 관객을 넘는 영화들을 생산해 냈다.
- 한국 영화의 산업적 가치가 높아지자 대기업이 극장을 과점하고 영화 제작에 투자했다. 곧 제작과 배급, 상영을 함께 하는 수직적 계열화가 형성되었다.

2

CHAPTER

내부의 적이 된 '공룡 제작사'의 출현

한국형 메이저 배급사들은 '더 크게', '더 많이', '더 빨리'라는 캐치프레이즈를 내걸고 한국 영화 시장을 장악해 갔습니다. 그들은 1920~1930년대에 형성되었던 할리우드 스튜디오 시스템을 그대로 모방하며, 거의 강제로 극장을 사들여 '멀티플렉스'를 만들어 냈습니다. 결국, 투자에서 상영까지 하나의 라인으로 연결하는 '수직적 계열화'를 구축했습니다.

단성사, 서울극장, 피카디리극장, 대한극장 등은 여러 분은 모르겠지만, 서울에 위치해 있던 대표적인 극장들이었습니다. 지방의 큰 도시에도 역시 그 도시를 대표하는 유명 극장이 있었죠. 하지만 언제부턴가 그런 극장들은 모두 CGV, 롯데시네마, 메가박스라는 이름으로 대치되었어요.

대기업의 배급사들의 무리한 극장 확보 과정은 여러 번 기사화가 되었고, 많은 논란이 일었어요. 영화 배급망을 움켜쥐게 된 대기업은 그들의 막대한 자본력으로 영화들을 제작하여 자신들의 멀티플렉스에 우선적, 독점적으로 배급했죠.

그 과정에서 자신들에게 극장을 넘기지 않는 단관 극장들에게는 인기 있는 영화를 틀지 못하도록 영화용 프린트를 넘겨주지 않았습니다. 그렇게 되면 단관 극장들은 인기 있는 영화를 상영하기 힘들게 되죠. 또 포스터나 홍보용 전단도 배포하지 않는 방식으로 작은 단관 극장을 압박해 나갔어요. 그럼, 단관 극장에는 관객이 많이 들지 않을 테고, 관객이 들지 않으니, 극장 수입이 줄고, 수입이 주니 극장 서비스를 업그레이드할 수 없게 되고, 점차 악순환의 나락으로 빠져들게 됩니다.

경영난에 허덕이던 단관 극장들은 울며 겨자 먹기 식으로, 어쩔 수 없이 대기업에게 극장을 넘겨야 했어요. 대기업은 이렇게 작은 극장들을 하나둘씩 사들여 멀티플렉스로 단장했어요,

이제는 단관 극장에서 영화를 보기 위해 줄을 서던 옛날 모습은 찾아볼 수 없게 되었어요. 흥행이 될 만한 영화들은 멀티플렉스에서 얼마든지 상영관들을 늘려 상영할 수 있으니까요. 관객들은 줄을 서지 않고도 영화를 편하게 볼 수 있고, 예전보다는 훨씬 쾌적한 멀티플렉스로 몰리게 되었죠.

단관 극장 앞에서 파는 번데기, 군밤 같은 군것질거리들도 사라졌어요. 이제는 잘 정비된 멀티플렉스 안의 팝콘과 콜라 등으로 대체되었죠.

구분			2014		
			극장 수	스크린 수	좌석 수
멀티플렉스	3대 멀티플렉스	CGV	126	948	154,839
		롯데시네마	100	698	116,684
		메가박스	62	452	71,374
		소계	288	2,098	342,897
	기타 멀티플렉스		7	66	11,901
중계			295	2,164	354,798
비 멀티플렉스			61	117	17,563
극장 총계			356	2,281	372,361

한국의 영화관 소유 현황(2016년 2월 영화진흥위원회 자료)

이렇게 CGV(CJ엔터테인먼트), 롯데시네마(롯데엔터테인먼트), 메가박스(쇼박스)라는 멀티플렉스를 만들었고, 극장을 장악한 대기업 배급사들은 '와이드릴리

전문가 의견

몇 편의 영화가 관객의 80%를 가져가고, 나머지 대다수의 영화가 관객의 20%를 나눠 가진다. 대자본이 시장을 완벽하게 잠식하고 있는 가운데 공급이 과잉된 상태다. 시급히 해결해야 할 문제는 바로 스크린 독과점과 공급 과잉이다. 국내에서는 저예산 영화가 잘 되기가 힘들다. 1,000명 관객이 드는 것도 어렵다. 그렇다고 경쟁력이 없어서 그렇다고는 이야기할 수 없다. 대중의 문화적 습관은 길들여진다. 자꾸 눈에 보이는 영화들은 관객이 일정 부분 늘어나게 되어 있다.

– 영화평론가 오동진

스(한 영화를 400개 이상의 상영관에 동시 개봉하는 대규모 상영 방식을 뜻함)'라는 미국의 배급 방식을 따라하면서 투자–제작–배급–상영이라는 잘 짜인 하나의 수직적 계열화를 구축하여, 더 많은 수익을 취할 수 있게 되었어요. 다시 말해 상영할 영화가 두 편이 있으면 흥행이 되는 영화는 극장 수를 늘려 보다 많은 관객을 끌어들여 수익을 높이고, 흥행이 안 되는 영화는 과감하게 극장 수를 줄여 손실을 줄이는 구조가 되었다는 뜻이에요.

사실 이런 시스템은 1920~1930년대에 걸쳐 형성된 '할리우드 스튜디오 시스템'의 가장 핵심 요소에요. 할리우드 스튜디오 시스템이 등장하게 된 것은 영화의 흥행 리스크가 컸기 때문이에요. 영화 흥행이 얼마나 어려운지 1930년에는 파라마운트 같은 대형 제작사들도 파산의 위기에 내몰리기도 했어요. 그러자 제작사들이 감독 한 명에 영화 제작 전 과정을 맡기지 않고 단체로 영화 제작에 관여할 수 있는 시스템인 스튜디오 시스템을 구축하기 시작합니다. 제작사가 영화 콘셉트를 잡고 시나리오 작가들을 고용하여 스토리를 만들고, 또 영화감독들을 고용하여 촬영팀을 구성해서 촬영에 들어가는 거죠. 이처럼 제작사(스튜디오)가 단순 투자자나 제작자가 아니라 어떤 영화를 어떻게 만들 것인가 하는 주도적인 결정을 해나가는 시스템을 할리우드 스튜디오 시스템이라고 합니다. 그리고 파라마운트의 아돌프 주커(Adolph Zukor), 20세기 폭스의 윌리엄 폭스(William Fox), MGM의 마커스 로(Marcus Loew) 같은 스튜디오 수뇌들은 극장을 소유하여 배급망을 완전히 틀어쥐어 시장 지배력을 극대화할 생각을 합니다. 이런 시도가 바로 수직적 계열화인데요. 나중에 밝혀졌지만, 이들 할리우드 스튜디오 시스템 뒤에는 록펠러 같은 금융인들이 숨어 있었다고 합니다. 커진 시장 지배력으로 메이저 영화사들은 자사 소유 극장에 우선적으로 영화를 공급하고 타 극장에는 최대한 늦게 배급했습니다. 또한 흥행이 덜 되는 영화들을 흥행이 되는 영화와 함께 묶어 팔기도 했지요.

미국 할리우드 영화는 수직적 계열화를 통해서 유지되는 구조를 갖고 있었고, 이를 통해서 전 세계 영화 시장을 완전히 장악할 수 있었다.

모자 가게를 독점하는 주인이나 스크린 독과점의 주범인 멀티플렉스를 소유한 대기업이나 다를 바가 없다. 선택할 수 있는 경우의 수가 없어지는 일은 관객의 다양한 취향이 무시되는 것과 같은 일이다.

'수직적 계열화'를 상품으로 설명하면 다음과 같아요.

예를 들어, 모자를 만드는 사람이 여러 명 있는데 그중 한 명이 자신의 모자 판매를 위하여 모든 모자 가게를 소유하게 되었다고 해요. 그런데 그 상점 주인이 모든 상점에서 자신의 공장에서 만든 모자만을 진열해 놓는다면 어떻게 될까요? 그럼 모자를 사고 싶은 사람은 모두 그 사람이 만든 모자만을 살 수밖에 없겠죠? 그러면 다른 사람이 만든 모자는 사고 싶어도 살 수 없겠죠? 아니, 구경조차 할 수 없어요. 그리고 판로가 막힌 다른 모자 공장 사장들은 문을 닫을 수밖에 없어요.

이건 모자를 사는 사람의 입장에서도 즉 영화로 비교해서 말하면 관객은 엄청난 손해를 보게 되는 거예요. 왜냐하면 다양한 사람들이 만든 다양한 형태의 영화(모자)를 구경조차 할 수 없기 때문이죠.

당시 할리우드 영화의 황금기를 맞이했던 할리우드 스튜디오 제작 시스템은 투자-제작-배급-상영의 수직적 계열화와 궁전(PLACE)으로 표현된 화려한 극장, 시스템화된 제작 방식, 스타 마케팅 등 여러 가지 특징들을 갖고 있었어요.

할리우드 스튜디오 시스템의 특징

투자–제작–배급–상영 등의 수직적 독점 구조

다수의 화려한 극장

제작 방식의 시스템화

스타 마케팅

할리우드 스튜디오처럼 자신들이 제작하거나 투자한 영화를 임의대로 상영할 수 있는 멀티플렉스를 갖추게 된 한국 대기업의 메이저 배급사들은 영화 제작에 더욱 열을 올리게 되었어요. 한국의 3대 메이저 영화사라는 타이틀은 결국 극장을 장악한 CJ엔터테인먼트, 롯데엔터테인먼트, 쇼박스가 갖게 되었습니다. CGV는 CJ엔터테인먼트의 극장 브랜드고, 롯데시네마는 롯데엔터테인먼트의 극장 브랜드, 메가박스는 쇼박스의 극장 브랜드입니다. 이들 3대 메이저 배급사에 필적하는 배급사가 있는데 NEW(Next Entertainment World)입니다. 이 NEW는 극장을 소유하지 않고 있기는 합니다. 하지만 80% 극장을 멀티플렉스로 탈바꿈한 한국의 메이저 배급사들이 이른바 한국 영화 천만 관객 시대를 만들어 냈습니다.

이로 인해 한국에서도 대규모 제작비를 들인 **블록버스터**가 탄생되었고, 한국형 블록버스터라는 말까지 탄생하게 되었어요. 이로 인해, 영화의 제작력도 상당히 높아지는 결과를 가져왔어요. 하지만 이들의 이런 전략은 '와이드릴리스' 방식의 배급과 상영 방식으로, 매년 입길에 오르게 되었어요.

순위	영화명	개봉일	매출액	관객 수	스크린 수
1	명량	2014. 07. 30	135,753,804,310	17,615,152	1,587
2	국제시장	2014. 12. 17	110,935,416,730	14,262,498	1,044
3	신과 함께-죄와 벌	2015. 08. 05	112,557,398,737	14,017,151	1,912
4	베테랑	2015. 08. 05	105,169,264,250	13,414,200	1,115
5	도둑들	2012. 07. 25	93,667,250,500	12,983,941	1,091
6	7번방의 선물	2013. 01. 23	91,433,282,670	12,811,435	866
7	암살	2015. 07. 22	98,466,287,781	12,706,483	1,519
8	광해, 왕이 된 남자	2012. 09. 13	88,909,386,769	12,323,595	1,001
9	택시 운전사	2017. 08. 02	95,855,737,149	12,186,684	1,906
10	부산행	2016. 07. 20	93,182,579,148	11,566,862	1,788
11	변호인	2013. 12. 18	82,872,378,788	11,374,879	925
12	해운대	2009. 07. 22	81,025,734,000	11,324,545	764
13	괴물	2006. 07. 27	66,716,104,300	10,917,221	647
14	왕의 남자	2005. 12. 29	66,015,436,400	10,513,715	313

역대 한국의 천만 관객 영화(영화진흥위원회 통계 자료)

역대 천만 관객이 넘은 영화들은 위의 표에서 보듯이 현재 14편입니다. 하지만 공식 통계 이전의 〈실미도〉와 〈태극기 휘날리며〉를 더하면 총 16편입니다. 스크린 수를 살펴보면 2016년, 2017년, 최근에 들어서 한 영화가 2,000개 이상 극장을 점유하는 경향이 두드러지죠. 바로 이것이 한국형 '와이드릴리스'의 표본이에요.

1998년부터 활발하게 만들어진 멀티플렉스는 '관객 수의 증가, 그러나 개봉 편수의 감소' 라는 기현상을 만들어 냈죠.

집중탐구 단관 극장과 와이드릴리스

단관 극장

영화관의 고전적인 형태다. 한국에서 1980년대까지는 단관 극장이 주류였고, 1990년대까지도 단관 극장을 쉽게 찾아볼 수 있었다. 하지만 2000년대 이후 멀티플렉스 체인들이 거대한 자본력을 바탕으로 사세를 확장함에 따라 사양길에 접어들어 남은 단관 극장들도 멀티플렉스로 바꾸거나 폐업하는 수순을 밟았다. 2010년대 중반 이후로는 동두천시의 동광극장을 빼고 멸종 상태가 되었다.

와이드릴리스

대규모 예산을 투입한 블록버스터 영화이거나 시기적으로 단기간 대량 배급이 필요한 영화는 이러한 광역 개봉 방식을 취하는 경우가 유리하다. 이러한 방식은 단기간에 최대한 이익을 얻는 데 특화된 방식이라고 할 수 있다. 반대로 특수 관객을 위한 영화는 소수 영화관에서 장기간 상영하는 전략을 취하기도 한다. 2000년대 이후 국내 영화 제작 시스템에서도 대기업 계열사의 영향력이 확대되고, 그 결과로 한국형 블록버스터 영화들과 멀티플렉스 영화관이 증가하면서 와이드릴리스 방식으로 개봉하는 영화들이 자주 나타나고 있다. 다만, 이에 따른 스크린 과다 점유 현상과 소규모 영화의 상영 기회 차단에 대한 문제 제기, 영화 산업의 창의력 약화 등이 문제로 지적받고 있다.

더 크게, 더 많이, 더 빨리 : 한국형 블록버스터 전략

"더 크게, 더 많이, 더 빨리!"

이건 무슨 말일까요? 이건 올림픽 선전 구호가 아닙니다. 이것은 바로 한국형 블록버스터의 전략 문구이에요. 할리우드 스튜디오 시스템을 우리 식으로 표현한 것일 뿐, 내용은 그들의 것과 같아요. 단지, 현대 사회에 맞게 조금 변형, 개량된 것뿐이죠.

'너 크게'는 할리우드 시스템 중 **스타 시스템**이나 제작 시스템의 효율화와 같다고 볼 수 있어요.

"우리 영화 보러 갈래?"
"누구 나오는데?"

이런 대화는 이미 우리의 생활 속에서 흔하게 접할 수 있죠. '어떤 이야기냐?', '무슨 내용의 영화냐?' 등 이야기에 대한 관심이 우선되어야 하는데, '누가 나오냐?'로 '스타 시스템'에 의해 관객의 관심이 변질된 거죠. 그래서 투자자들은 시나리오의 완성도나 기획도 중요하지만, 일단 배우 캐스팅을 중요하게 생각하는 경향을 보이죠.

영화사 기획 파트에서는 영화를 기획할 때 20대 초반의 여성들이 좋아하는 남자 스타들을 주인공으로 하는 시나리오를 선호해요. 그 이유는 극장에 가서 영화를 선택하는 권한을 가지고 있는 사람들이 주로 20대 초반 여성이라고 판단해서죠.

영화를 보러 갈 때 남자들이 여성의 말을 존중하여 영화를 선택하는 경향이 높다는 마케팅 분석에 바탕을 둔 거죠. 그로 인해, 여성이 주인공이 되거나 다른 세대들이 주인공이 되는 영화보다 20대 초반의 여자들이 좋아할 만한 멋지고 젊은 남자가 주인공인 영화가 주류를 이루게 되죠. 그래서 영화에는 20대 남성 스타들이 많이 캐스팅되죠. 이러한 스타 시스템도 한국에서 더 진화되는데, 멀티캐스팅(MultiCasting)이라고 하죠. 한 영화에 도저히 나올 것 같지 않은 두 스타를 조합하여, 예를 들면 배우 정우성과 강동원을 동시에 멀티캐스팅하는 겁니다. 이러면 영화가 흥행이 더 될 수 있고, 흥행 참패의 리스크도 줄일 수 있어요.

'더 크게, 더 많이, 더 빨리'의 전략 중 '더 많이'와 '더 빨리'의 핵심은 와이드릴리스에요. 와이드릴리스는 한마디로 말하면, '치고 빠지는 전략'이라고 할 수 있어요. 와이드릴리스는 할리우드 시스템의 가장 중요한 특징 중 하나인 '수직적 계열화'가 뒷받침되어야 가능한 방법이에요.

거의 모든 영화관에 한 영화를 걸어 영화를 보고자 하는 관객들의 선택할 수 있는 경우의 수를 확 줄여 그 영화를 보게 만든 다음, 순식간에 본전을 회수한다고 해서 '치고 빠지'는 전략이라고 하죠.

영화를 만든 제작자들과 배급을 주도하는 배급사들은 영화의 흥행을 위해 여러 가지 홍보를 해요. 배우들이 영화 개봉 시점이 되면 TV 예능 프로그램에 출연하는 경우들을 자주 볼 수 있죠? 이것이 대표적인 영화 홍보 방법 중 하나에요. 또 여러 광고에 노출하기 위해 엄청난 돈을 쏟아붓기도 하죠.

버스, 지하철, TV, 라디오, 잡지, 신문, 포털사이트 등 홍보 비용의 비율은 영화 제작비를 상회할 정도로 매년 급증하고 있어요. 하지만 이런 모든 홍보 방법도 일주일이 지나면 아무 소용이 없어진다는 말이 있어요.

*"야, 너 ** 영화 봤어? 너도 봐……무지 재밌어."*

"정말? 그럼 나도 볼까?"

*"그런데…… ** 영화는 별로야……"*

*"진짜? 그럼 난 ** 영화는 안 봐야지."*

이게 바로 수많은 홍보 비용을 무색하게 만드는 관객들의 '입소문'이란 거예요.

사람들은 여러 가지 방식의 광고에 현혹되어 영화를 선택하고 보기 시작해요. 하지만 일주일이 지나면 대부분 그 영화의 평가를 듣게 된다고 해요. 온라인, 오프라인에서 그 영화가 재밌는지, 재미없는지 수많은 사람들이 그 판단을 공유하게 되죠.

그렇게 되면 아무리 광고를 해도 효과가 별로라는 거예요. 그래서 배급사들은 입소문이 나기 전, 그러니까 개봉하고 나서 일주일 안에 본전을 뽑을

입소문은 영화의 여러 가지 홍보 효과를 무색하게 하는 가장 강력한 홍보 방법이다.

생각을 해요. 만약 입소문이 나기 전에 관객을 모아 제작비를 다 뽑아 버리면 일주일 정도가 지나 사람들에게 재미없다고 소문이 날지라도 타격이 훨씬 덜하다는 거죠. 이게 바로 '와이드릴리스'의 핵심 전략, 즉 '치고 빠지기' 전략입니다.

멀티플렉스 극장을 가진 대기업에게는 쉬운 방법이죠. 엄청난 수의 극장을 소유하고 있는 이들은 서로가 자신들이 투자한 영화들을 수많은 스크린에 걸어 관객들의 선택의 폭을 좁혀 놓는 거죠. 그럼, 관객들은 영화의 좋고 나쁨을 판단하기 전에 얼떨결에 영화를 소비해 버리는 형태로 내몰리게 되죠.

이 고도의 전략은 본래 할리우드에서 고안되었어요. 당시 할리우드의 몇 개 메이저 스튜디오를 중심으로 대규모의 제작비가 들어간 자사 영화들의 상영관을 효율적으로 조정해 안정적인 수익을 창출할 수 있는 방법을 고민했죠. 여기서 치고 빠지는 와이드릴리스 방식이 가장 적합한 전략이라고 결론이 난 거죠. 하지만 미국은 이것이 '독점'이라고 여론의 쟁점화가 되면서 배

집중탐구 파라마운트 판결

빅 5(Big Five : 파라마운트, 워너브러더스, MGM, 20세기폭스, RKO)와 리틀 3(Little Three : 유니버셜, 컬럼비아, 유나이티드아티스트)가 셔먼 반독점법을 위반한 것으로 기소하였고, 10년에 걸친 법정 공방 끝에 1948년 미연방 대법원은 메이저 스튜디오들에 대해 유죄 판결을 내렸다. 법원은 극장 체인을 소유한 빅5(Big Five) 배급사들에 대해 극장 소유를 금지시키고 기존의 소유 극장들을 매각하라는 명령을 내렸다.

급사는 극장을 소유할 수 없도록 하는 강력한 브레이크를 겁니다.

1948년 미국 연방대법원은 당시 8대 메이저 스튜디오들의 수직 통합이 공정한 경쟁을 저해한다고 보아 8대 메이저 스튜디오들에게 소유한 극장들을 매각하고, 앞으로 극장들을 소유할 수 없다는 '파라마운트 판결'을 내려요.

그 후, 극장 체인의 매각으로 인해 안정적인 상영망의 확보가 불가능해진 메이저 영화사들은 영화 제작 편수를 줄이기 시작하면서, 미국 영화 산업은 크게 침체되었죠. 침체되다 보니 미국에서는 현재 이런 규제가 유명무실해졌고, 현재는 미국 영화 시장에서는 한 영화가 전체 스크린의 10% 이상을 차지해서는 안 된다는 스크린 상한제 규제만을 시행하고 있어요. 그러나 한편으론 파라마운트 판결 이후 더 많은 독립 제작자들이 시장에 진입할 수 있었

집중탐구 손익 분기점

총제작 비용(순제작비 + 마케팅 비용 등 부대 비용) / 객 단가 = **손익 분기점**. 여기서 객 단가란 관객 한 명당 제작 투자사에 배분되는 금액이다. 객 단가 3,200원을 기준으로 손익 분기점을 예측하는 경향이 있다. 하지만 보통은 그냥 계산하기 쉽게 3,000원을 객 단가로 잡는다. 쉽게 말하면 영화 관객 한 명당 3,000원이 제작사 수익이라고 생각하면 된다. 100만 영화라면 30억 원의 수익, 1,000만 영화라면 300억 원의 수익이 생긴다. 어떤 영화가 300억 원이 제작비라면 1,000만 명이 들어오면 본전이니, 관객 1,000만 명이 손익 분기점이 되는 셈이다.

고, 덕분에 보다 특색 있고 뛰어난 영화들이 제작되면서, 미국 영화는 문화적 다양성 속에서 크게 진일보하게 되었답니다.

미국은 영화 시장에서의 공정한 경쟁 보장이라는 소중한 가치를 얻어낸 거예요. 하지만 우리나라는 아직 그러한 강력한 법이 없어서 해마다 논란이 되죠.

2017년엔 〈군함도〉가 그 논란의 중심이 되었어요. 〈군함도〉의 제작비가 300억 원이니까, 1,000만 명이 들어와야 겨우 손익 분기점을 넘기게 되죠. 〈군함도〉의 제작사 CJ엔터테인먼트는 자신들이 들인 제작비를 회수하기 위해 온갖 방법을 다 동원했고, 결국 더 강력한 와이드릴리스를 시행하죠. 〈군함도〉는 2,027개의 극장에 걸렸어요. 이는 사실상 우리나라 모든 극장에 〈군함도〉를 다 걸었다고 할 수 있어요. 우리나라 총극장 수는 2,281개입니다. 〈신과 함께〉도 말이 많았어요. 〈신과 함께〉는 스크린을 1,912개나 잡았어요. 이로 인해 개봉조차 못 하는, 태어나서 세상에 얼굴 한번 못 내미는 한국 영화의 수도 그만큼 늘어날 수밖에 없었죠.

더 크게 : 스타 멀티캐스팅 시스템과 대규모 제작비

얼마 전, 서울 대학로에 연극을 보러 갔어요. 연극을 보고 난 뒤, 저는 희곡을 쓴 후배와 저녁을 먹으면서 이야기를 나누었죠. 이야기 전개에서 어색한 부분이 있어, 후배에게 그 까닭을 물었죠. 조심스레 이야기를 꺼내자마자, 단박에 후배가 울분을 토로하기 시작했어요.

"형, 이건 원래 제가 생각해 낸 이야기가 아니에요. 이젠 연극도 관객들 눈치를 봐야 하나 봐요."

후배 작가는 온라인을 중심으로 발달한 연극 배우 팬클럽 때문에, 그 팬클럽의 눈치를 보며 희곡을 수정해야 한다고 했어요. 만약 자신이 좋아하는 배우가 나쁜 역할을 맡는다든지, 아니면 극중에서 비호감 행동을 보이면 곧바로 항의가 들어온대요. 그러면 희곡 작가인 자신은 희곡을 어쩔 수 없이 수정할 수밖에 없대요.

저는 그 말을 듣고 깜짝 놀랐어요. 드라마에서 시청률을 위해 시청자들이 좋아하는 방식으로 극본을 고친다는 이야기는 익히 들어왔던 터였지요. 하지만 연극조차 관객들의 눈치를 봐야 한다는 이야기를 전해 듣고 나서 적지 않게 놀랐죠.

관객이 무대 위의 예술 상품을 소비해 줘야 하므로 관객은 매우 소중한 존재들이라고 할 수 있어요. 하지만 그런 힘을 지닌 관객이라고 해서 예술 창작자 고유의 권한을 침해해서는 안 되겠죠. 이처럼 스타 배우 중심의 '스

▌스타 시스템 시대에는 팬이 자신이 좋아하는 스타의 이미지를 위하여 작가의 창작물을 수정하도록 압력을 가하는 이상한 일까지 발생하고 있다.

타 시스템'은 예술 창작자의 자유를 축소시키는 악영향을 끼쳐요.

우리가 좋아하는 스타가 영화에 나오면 우리는 즐겁죠. 그러나 상업적인 의도로 그걸 지나치게 이용하다 보면 영화의 이야기나 기획, 소재, 주제 등이 배우들의 캐릭터에 묻혀 주객이 전도되는 일이 생겨납니다.

이런 경향은 드라마에서 자주 나타나요. 그러다 보니 드라마가 방영될 시기에는 높은 시청률을 보여 주지만, 그 드라마가 끝나면 무슨 이야기였는지, 어떤 것이 주제였는지 곧 잊히고 말죠. 이것은 스타들만을 상업적으로 내세워 그들의 가치를 작품을 통해 팔아먹기 때문에 벌어지는 일이에요. 물론, 문화를 '쇼'라는 가치로 볼 때 관객들이 만족할 수 있는 부분도 분명히 있어야 하죠. 그러니까 스타 시스템이 가진 장점을 충분히 활용하여 시청률을 높이는 것도 좋지만, 이러한 단점을 감안하여 드라마를 제작해야겠죠.

한국 영화에서 상업 영화 제작이 활성화되면서 '한국 영화의 **국뽕화**(민족주의를 낮추어 부르는 말)'라는 논쟁도 있었어요. 이것은 '애국심'을 자극하여 흥행을 노리는 영화 기획을 비아냥거리는 소리예요. 다시 말해, 영화 제작사는 '돈이 되는 것들'을 위해 민족주의를 서슴지 않고 이용하는 거죠.

상업적 가치 기준으로 본다면, 화려한 영상으로 치장하고 매력적인 스타를 캐스팅해서 영화를 포장한다면 관객들의 만족감이 더 커지겠죠. 이러한 기준을 가지고 영화를 기획하는 것이 '더 크게'의 핵심이라고 할 수 있죠. 이것 역시 할리우드 영화가 추구하는 방식이에요. 한국 영화도 언제부터인가 영화 흥행의 안정성을 높이기 위해 스타들도 한 명에 의존하지 않고, 여러 스타들을 같이 출연시키게 되었어요.

'천만 영화'라는 말도 생겨났지만, '천만 배우'라는 말도 나타났어요. 한국 상업 영화 평균 순제작비가 24억 원(2016년 기준) 정도라는 통계가 있는데, 여기서 주인공 배우들의 몸값이 7~8억 원을 넘는 경우도 생겼어요.

그러다 보니 요즘엔 아이돌 가수들이 영화에 많이 출연해요. 연기력은 기존 배우들에 비해 떨어질 수 있지만, 동남아시아나 해외 시장에 티켓 파워를 가지고 있기 때문이죠. 그리고 이들을 앞세워 관객들이 좋아하는 영화들을 만들죠. 그렇게 하다 보니 독특한 창작보다 '유행'이나 '흐름'이 기획의 중요한 부분이 되었죠. 2015년 이후, 한국 영화가 범죄 영화 전성시대를 맞이한 것도 이와 같은 맥락으로 이해될 수 있어요.

1980년대에 홍콩 영화가 전성기를 맞이한 적이 있었어요. 〈영웅본색〉 같은 느와르 액션물들이 인기를 끌었고, 홍콩 액션 스타들이 활약하던 시절이에요. 지금 한류 열풍이 불고 있는 것처럼, 그 당시 홍콩 영화는 한국에서 엄청난 인기를 끌었죠. 성룡, 주윤발, 유덕화, 장국영, 왕조현 등 홍콩 스타들이 줄줄이 내한했고, 국내 CF 등에도 앞다투어 출연을 했었어요. 그 시기에 한국에서 발간된 주요 영화 잡지인 〈스크린〉, 〈로드쇼〉에는 홍콩 영화계나 홍콩 배우 및 중화권 배우, 제작진 들에 관련된 기사 비중이 할리우드와 맞먹거나 오히려 더 높았답니다.

하지만 여러 가지 이유로 홍콩 영화는 1990년대로 들어오면서 바로 쇠퇴했고, 지금은 존재감조차 없는 상황이 되어 버렸어요. 홍콩 영화의 몰락 이유는 여러 가지가 있어요. 지나치게 배우들의 스타성에 의존한 작품에 함몰되다 보니 작품성이 흔들렸고, 배우들의 연기력도 부족했고, 성의 없는 비슷한 내용의 태작들이 마구 쏟아져 나온 것이 가장 주요한 원인이었죠.

한국 영화도 지나치게 스타 마케팅에만 열중하다 보면 홍콩 영화가 그랬던 것처럼 순식간에 훅 갈 수 있겠죠. 한국 영화도 이 배우가 이 영화에서 저 역할에 나왔는지 저 영화에서 이 역할에 나왔는지 헷갈리는 경험을 우리 관객에게 주고 있어요.

결국, '더 크게'라는 전략은 할리우드 스튜디오 시스템에서 추구했던 효과적이며 상업적인 전략이에요. 〈군함도〉가 300억 원의 제작비를 들였고, 〈신과 함께〉가 400억 원의 제작비를 들였다면, 이 제작비를 회수하기 위해 영화에 어울리는 배우보다는 티켓 파워가 센 스타를 기용하겠죠. 이것이 바로 대규모 제작비를 충당하기 위한 상업적인 전략이 빚어낸 비정상적인 행태입니다.

더 많이 : 스크린 독과점

아래의 표는 2018년 2월 8일 기준 〈신과 함께〉의 누적 통계 자료에요. 영화진흥위원회에서는 이렇게 매일매일 자료를 업데이트 해 주죠. 관객 1,400만 명을 돌파했다는 자료가 나왔어요. 누적 **스크린 수**는 2,792개고, 누적 매출액이 1,100억 원을 넘었죠. 제작비는 400억 원 정도였으니, 큰 이익을 남겼

상영 타이프	스크린 수	상영 횟수(점유율)	누적 매출액(점유율)	누적 관객 수(점유율)
디지털	2,699	203,391	112,669,047,137(98.4%)	14,056,392(98.6%)
디지털 영문 자막	1	7	1,992,000(0.0%)	247(0.0%)
4D	39	3,454	1,770,731,500(1.6%)	201,384(1.4%)
디지털 배리어프리	53	70	18,040,500(0.0%)	4,197(0.0%)
합계	2,792	206,922	114,459,811,137(100%)	14,262,220(100%)

상영 타이프 별 누적 통계

▌ 출처 : KOBIS(발권) 통계. 통계 기준일 : 2018.02.08

다고 할 수 있어요.

'더 많이', 이것은 말 그대로 더 많은 스크린 수를 잡아서 자기 회사의 영화로 도배한다는 전략이에요. 3대 메이저 배급사는 2015년 기준으로 전국 총 2,281개의 스크린 중 2,098개를 장악하고 있어요. 이건 정말 온 나라가 한 영화만을 봐야 하는 상황이 되었다고 해도 무방해요.

관객들이 다 〈군함도〉와 〈신과 함께〉를 좋아할까요? 당연히 그건 아니겠죠? 그렇지만 안 볼 수 없는 식이에요. 다른 영화를 볼 수 있는 영화관이 없으니까요. 하지만 어쨌든 이러한 대기업 배급사들의 경영 방식으로 영화 시장의 규모는 커져 갔고, 전체 시장의 규모는 활성화 되었어요. 실제로 한국 영화 시장에서 한국 영화 시장 점유율이 50%가 넘고, 한국 영화 시장 규모가 2조를 훌쩍 넘었다는 보도가 있습니다.

자국 영화의 문화적 자존심을 잃을 수 없다며 싸웠던 '스크린쿼터 사수대'는 이제 기억 너머로 멀리 사라졌죠. 어떻게 보면, 이제는 한국 영화들 중, 대기업이 제작 투자한 영화가 더 무서운 적으로 자리 잡게 된 거예요.

미국에서조차 1940년대에 '영화 시장에서의 자유로운 경쟁 보장'을 해친다며 금지시켰던 것이, 한국 영화 시장에서 좀비처럼 되살아나서 한국 영화를 잡아먹고 있는 셈이에요.

하지만 대기업 영화 배급사들은 다르게 말합니다. 그들은 배급과 극장을 분리하는 것 자체가 영화 산업의 근간을 뒤흔들 수 있다고 봅니다. 섣부른 규제가 오히려 한국 영화 산업 전체를 붕괴시킬 수 있다고 보는 거지요. 대기업 배급사들은 파라마운트 판결 직후 미국 영화 시장은 제작 편수 감소와 티켓 가격 상승 등으로 침체기를 맞았지 않았냐고 반발합니다. 미국의 메이

생각해 보기

영화를 개봉할 때 '치고 빠지기' 개념의 홍보 방식이 등장한다. 이것이 엄청난 홍보비를 들이고 엄청난 숫자의 영화관에서 상영하여 최단 시간 안에 투자한 제작비를 거두어들이는 방법인 '와이드릴리스'다. 이런 와이드릴리스가 갖고 있는 문제점은 무엇일까?

저 영화사가 안정적인 상영망을 확보하지 못하면서 미국 영화사들은 상대적으로 투자금 회수가 용이한 장르 영화에만 집중했고, 제작 편수가 줄어들었다는 통계를 들이밉니다. 그래서 현재 미국도 파라마운트 판결이 사실상 사문화되었다고 주장합니다. 그리고 모처럼 한국 영화 산업에 단비처럼 찾아온 성장 기회를 잃을 우려가 있다고 합니다.

하지만 많은 영화인들은 그게 사실이 아니라고 합니다. 스크린 독과점을 규제해서 미국 영화 시장이 침체기를 맞았다기보다는 TV가 미국의 주요 매체로 등장해 가족 관객들을 TV가 빼앗아 갔기 때문이라고 주장합니다. 또한 파라마운트 판결로 미국 영화 산업은 위기를 겪었지만, 해외 시장 개척, 부가판권 시장 활성화 등 다양한 노력으로 더 활성화되었다고 반박합니다.

영화진흥위원회가 발표한 '2017 한국 영화 산업 결산 보고서'에 따르면, 3대 극장 체인 점유율은 97%라고 해요. 정말로 어마어마한 독점이죠. '영화 시장에서의 자유로운 경쟁을 보장한다.'는 미국의 파라마운트의 판결로 제재를 받았던 할리우드의 수직적 계열화가 지금 한국에서는 전가의 보도처럼 여기는 이상한 상황이 되고 말았어요.

더 빠르게 : 과도한 홍보와 댓글 알바의 출현

우리는 영화를 보기 위해 영화를 본 사람들의 댓글을 많이 참고하죠. 그러나 댓글 알바에 대한 시비가 끊이지 않고 있어요. 개봉이 되지 않은 영화의 평점이 10점 만점으로 되어 있는 포털사이트 영화 정보란이 어떻게 가능하느냐는 거지요.

이는 '더 빠르게' 회수하기 위해 만들어진 온라인 부대, 즉 '댓글 알바' 때문에 빚어진 일이에요. 이들 댓글 알바들은 말 그대로 영화사에 돈을 받고 자신의 양심을 판 사람들이에요.

2000년대 후반, 저는 당시 대작 영화를 기획했던 영화사에 근무했던 적이 있어요. 당시 가장 잘 나가는 스타 주인공 두 명과 역대급 시각 효과 등, 흥행 공식을 두루 갖추고 있는 영화였죠. 영화사는 홍보를 위해 직원을 포함한 제작사 관계자를 총동원했죠.

기획 홍보팀의 요구로 포털사이트에 1인당 3~4개의 아이디를 만들어 영화에 대한 좋은 댓글을 매일매일 남겨야 했어요. 다른 영화를 기획 중인 직원들도 예외가 없었어요. 이러한 댓글 알바들은 관객들의 눈과 귀를 속여서 영화를 보게 만드는 전형적인 저질 마케팅의 도구라고 할 수 있어요.

보통, 영화 배급사들은 영화 상영 첫 주의 주말 관객 수에 목을 매죠. 그래서 영화 배급사는 주말에 영화를 보러 갈 사람들에게 입소문을 퍼뜨리기에, 목요일을 개봉하기에 최적의 디데이라고 여겨요. 최근 영화사들은 기존 요일에서 하루 앞당긴 수요일에 영화를 개봉하는 분위기가 확산되고 있죠.

첫 주가 이렇게 지나고 나면 다음 월, 화, 수요일 동안 온라인과 오프라인에서는 그 영화에 대한 평가가 퍼져요.

배급사의 가장 큰 관심사는 이익이죠. 제작사와 배급사는 앞서 밝혔듯이 과대 홍보를 하고 댓글 알바들을 총동원하여 저질 마케팅을 그야말로 전쟁처럼 벌이죠. 그래서 좀 더 많은 극장을 확보하여 관객들이 정말 좋은 영화인지, 보고픈 영화인지 판단이 서지 않은 채 극장 안으로 들어설 수 있게 만들고 싶어 하죠.

간추려 보기

- 극장을 소유한 배급사인 CJ엔터테인먼트, 롯데엔터테인먼트, 쇼박스가 한국의 3대 메이저 배급사다.
- 한국은 미국에서 불법으로 규정한 수직적 계열화를 도입한 대형 메이저 영화 배급사가 탄생했다.
- 한국형 메이저 제작사의 캐치프레이즈는 '더 크게, 더 많이, 더 빨리'다.
- '더 크게'는 할리우드의 스타 멀티캐스팅과 유사하며, 많은 비용의 제작비와 연관이 있다.
- '더 많이'는 극장을 최대한 많이 잡아 스크린 수를 독점하는 일이다.
- '더 빠르게'는 엄청난 홍보비와 많은 수의 극장을 바탕으로, 최대한 빠르게 수익을 창출해 내는 일이다.

3

CHAPTER

영화는 산업이다 VS 영화는 예술이다

영화는 예술이자 산업인 독특한 구조를 갖고 있습니다. 산업으로서의 가치도 대단하지만 예술로서 관객에 미치는 파급력도 강력합니다. 영화 한 편의 수익은 자동차를 몇백만 대 파는 것과 같은 산업적 효과를 가지고 있으며, 영화관에서 파는 팝콘과 콜라의 수익도 대단합니다. 하지만 우리는 예술로서의 영화의 가치를 결코 포기해서는 안 됩니다.

더 크게, 더 많이, 더 빨리! 이러한 블록버스터의 공식들은 영화를 지나치게 상업적으로 이용하려는 시각임을 잊어서는 안 돼요. 현재, 이러한 관점을 가진 기업들이 영화 시장을 지배하고 있지만, 우리는 항상 영화가 지닌 문화적 가치를 잊어서는 안 됩니다. 상업적 가치로만 영화를 바라보는 것도 안타까운 일이지만, 그렇다고 문화적 가치로만 바라보는 것도 아니라고 봐요. 왜냐하면 문화적 가치를 제대로 구현하기 위해서는 영화의 상업적 가치가 절대적으로 필요하기 때문이죠.

2008년부터 2017년의 세계 영화 시장 규모는 연평균 성장률 3.6%를 보이고 있어요. 2017년에는 1,060억 1,300만 달러(약 115조 3,500억 원)의 시장 규모를 예상하고 있죠. 분야별로는 2012년 기준으로 보면 극장 수입인 **'박스오피스'**가 344억 6,300만 달러(38.9%)로 가장 큰 비중을 차지했고, 2012년 이후엔 온라인 서비스인 '디지털 배급'이 눈에 띄는 성장세를 보이고 있는 걸 알 수 있어요.

영화진흥위원회가 펴낸 '영화 산업의 경쟁력과 경제적 파급 효과 연구' 보고서에 따르면, 우리나라 영화 산업 규모는 2015년 기준으로 관객 수

	2008	2009	2010	2011	2012	2013	2014	2015	2016	2017	2012~17 CAGR
박스 오피스	27,873	30,793	32,500	32,931	34,463	35,972	37,666	39,623	41,859	44,393	5.2%
극장 광고	2,120	2,089	2,300	2,420	2,588	2,764	2,930	3,086	3,237	3,377	5.5%
홈비디오 판매	34,100	31,469	31,289	29,766	28,291	26,941	25,702	24,560	23,504	22,517	−4.5%
홈비디오 대여	14,378	14,095	13,939	12,947	12,051	11,256	10,540	9,903	9,334	8,825	−6.0%
디지털 배급	5,473	6,474	7,575	9,377	11,232	13,409	15,865	18,771	22,298	26,901	19.1%
합계	83,944	84,920	87,603	87,441	88,625	90,342	92,703	95,943	100,232	106,013	3.6%

세계 영화 시장 분야별 규모(2008~2017) (단위 : 백만 달러)

2012년은 잠정 추산치이며 2013년 이후는 전망치. CAGR은 연평균 증감률을 뜻함. 추정 근거 : PWC(2013), "Filmed Entertainment outlook, 2008~2017"

2억 1,729만 명, 매출액 2조 1,131억 원으로 집계됐어요. 매출액을 기준으로 적용해 2015년 한국 영화 산업의 생산 유발 효과는 약 6조 정도로 분석됐죠. 또 영화 산업이 유발하는 취업과 고용 유발 효과는 각각 3만 8,434명과 3만 7,862명으로 추정됐어요. 또한 영화 산업의 고용 창출 능력이 제조업보다 월등히 높다는 연구 결과가 있었어요.

영화 수출로 인한 경제적 파급 효과를 살펴보면 생산 유발 효과가 667억 원, 부가가치 유발 효과는 264억 원으로 각각 집계되었죠. 이런 결과를 보면 영화가 산업으로서 얼마나 큰 가치를 가지고 있는지 알 수 있어요. 역대 전 세계 영화 중 수익 1위인 〈아바타〉는 2009년에 만들어진 영화로, 1997년에 만들어진 〈타이타닉〉을 가볍게 누르고 영화 한 편으로 27억 8,800만 달러(약 3조 300억 원)를 벌어들였죠.

만약 우리가 100만 원짜리 TV를 팔아 같은 수익을 얻고 싶다면 자그마치 TV 3백만 대를 수출해야 합니다. 영화진흥위원회가 발표한 '2017 한국 영화 산업 결산 보고서'에 따르면, 2017년도 한국 영화 시장 규모는 2조 3,271억 원으로, 전년 대비 약 2.4% 증가했어요.

2017년 극장 입장권 매출액은 전년 대비 0.8% 증가한 1조 7,566억 원을 기록했고, 관객 수는 2억 1,987만 명으로 2016년 2억 1,702만 명보다 1.3% 증가했어요. 1인당 관람 횟수도 4.25편으로 역대 최대치를 기록했다고 해요. 이런 수치들을 보면, 영화는 정말 '엄청난 산업'이라는 말에 그 누구도 부정할 수 없을 거예요.

영화 수익을 능가하는 팝콘과 콜라의 판매 수익

요즘 멀티플렉스에서는 누구나 할 것 없이 팝콘과 콜라를 들고 있습니다. 그런데 이 팝콘과 콜라의 매출의 수익이 영화 입장권 매출의 수익을 앞지르기 시작했어요. 멀티플렉스의 팝콘·콜라 등 매점 수익액이 많게는 전체 수익의 50%를 차지할 정도로 극장의 중요한 수익원이 되었죠.

영화표를 판 수익을 배급사와 영화관이 한국 영화인 경우에는 5 대 5, 외국 영화인 경우에는 6 대 4로 나눠 가지지만, 팝콘은 수익금 전부가 다 영화관의 몫이에요. 게다가 팝콘 원가는 판매가의 10%도 안 되는 것으로 알려져 있습니다. 이 때문에 영화계에서는 "영화 표 수익보다 팝콘·콜라 수익이 더 크다."는 말까지 나오고 있는 실정이에요.

특히 영화 관객이 감소하고 있는 최근 몇 년 동안은 팝콘·콜라가 영화관을 다 먹여 살렸다는 우스개가 있을 정도에요.

▌ 멀티플렉스의 매점. 팝콘과 콜라의 매출이 영화 입장권 매출의 수익을 앞지르기 시작했다.

국내 최대 멀티플렉스 체인점인 CGV가 발표한 '2010년 사업보고서'에 따르면, 한국 영화 전체 관람객이 2006년(1억 6,674만 명)부터 2010년(1억 4,869만 명) 사이에 10% 정도 줄어든 반면, CGV 매점 매출액은 511억 원에서 784억 원으로 53% 넘게 늘어났다고 해요.

영화진흥위원회가 2009년 발표한 '1999~2008년 한국 영화 관객 성향 분석' 자료에서도 극장 매점 이용객의 1인당 평균 지출액은 2004년 5,500원에서 2008년 8,067원으로 46.7%나 늘어났다는 걸 볼 수 있어요.

영화 상영 간격은 2시간, 하루 상영 시간은 6회가 좋다?

우리나라의 단관 극장 시절에는 웬만한 극장들이 오전 11시부터 2시간 간격으로 상영되는 것이 기본이었어요. 보통 오전 11시가 조조할인으로 반값에 영화를 볼 수 있었던 시절도 있었죠.

그런데 1930년대 이전의 할리우드 영화들은 **러닝타임**(상영 시간)이 일정하게 정해져 있지 않았어요. 1895년 뤼미에르 형제에 의해 영화가 시작되고 한동안 영화는 평균 15분 미만의 단편이었죠. 이것은 필름 한 릴으로 상영할 수 있는 시간이 15분 정도였기 때문입니다. 어찌 되었건, 사람들은 이 15분 안에 모든 이야기를 다 담아내야 했어요.

1900년대 말에 와서는 영화에 셰익스피어의 희곡이나 성서의 이야기 등의 이야기들을 담으려 했어요. 하지만 15분 안에 담기 힘들었기 때문에, 5릴(75분)짜리 영화들이 등장하게 되었죠. 그러나 필름을 이어서 상영하는 기술이 부족해 5릴을 다 보려면 5주나 걸렸다고 해요.

▌ 최초의 영화로 꼽는 〈열차의 도착(L'Arrivée d'un train en gare de La Ciotat)〉. 어거스트 뤼미에르, 루이 뤼미에르 형제가 감독이었다. 이 영화의 러닝타임은 1분이었다.

1910년부터는 여러 개의 필름 릴을 한 번에 이어서 영사할 수 있는 기술이 완성되면서, 러닝타임이 대폭 늘어났어요. 1914년 당시 최고의 제작비를 가지고 제작한 〈국가의 탄생(The Birth of a Nation)〉의 러닝타임은 163분, 1916년 최고의 제작비를 경신하며 제작된 〈인톨러런스(Intolerance)〉의 러닝타임은 무려 4시간이나 되었다고 해요.

그 후 1930년대에 할리우드 시스템은 장편영화의 규칙을 만들어 내죠. 5대 메이저 스튜디오에서는 상업성이 뛰어난 오락물 제작에 집중하는 한편, '1,200~1,300개의 쇼트로 이루어진 90분짜리 장편영화'라는 러닝타임의 전범을 만들어 냈다고 해요. 그 이유는 수익의 극대화를 위해서 영화 상영 시간을 조금이라도 줄여 일일 상영 회차를 늘려 관객을 더 받기 위해서입니다.

할리우드 영화 관계자들은 밀폐된 극장 안에서 영화를 관람하는 최적의 관람 시간을 1시간 45분 내외라고 판단했어요. 그 정도 길이면 도입부에 자막을 붙이고, 캐릭터를 설명하고, 기승전결을 풀어내고, **엔딩 크레디트**까지 충분히 담아 낼 수 있다고 판단한 거죠. 관객의 입장에서도 영화에 몰입할

전문가 의견

문화의 생명은 다양성이고 꽃 중의 꽃은 영화 예술이다. 그런데 지금은 산업을 강조한다. 다양하고 실험적인 영화들이 있어야 하는데 감독들이 스스로 검열을 하는 것이다. 결국 상업성을 위해서 예술성을 꺾는다고 할 수 있다.

– 영화감독 민병훈

수 있는 아주 적당한 시간이기도 해요.

또 러닝타임이 2시간 정도가 적당하다고 보는 까닭은 하루에 6회 차를 상영할 수 있는 시간이거든요. 러닝타임이 2시간이 넘어가면 4회나 5회를 상영할 수밖에 없어, 극장 측이 수익에 손실을 입을 수 있기 때문이죠.

그래서 영화가 조금 길면 영화가 끝나고 나서 엔딩 크레디트가 나온다 싶을 때 바로 불을 켜고 상영을 끝냈죠. 관객들이 퇴장하자마자 바로 다음 회 관객들이 입장하기도 했고, 그래서 그 관객들은 들어오면서부터 예고편을 보게 되는 경우도 더러 있었답니다.

상영 횟수를 늘리기 위해 단순히 상영 간격만 촘촘하게 줄인 건 아니에요. 영화가 짧으면 그만큼 여러 번 더 상영할 수 있죠. 그러기 위해 극장에서 임의로 영화 필름을 자르기도 했어요.

그러나 1970년대 말부터 등장하기 시작한 멀티플렉스 극장들은 상영 회수를 고려해 러닝타임을 정할 필요가 없어요. 많은 수의 상영관을 확보하고 있어, 러닝타임이 길어도 흥행에 성공할 수 있기 때문이죠. 극장마다 상영 시작 시각을 달리하면, 관객들이 줄을 서서 기다리지 않아도 되거든요. 국내에서도 이제 2시간 간격 상영은 사라지는 추세죠.

영화는 예술이다

"예술영화? 너무 어려워…… 모르겠어…… 지루해."

작가주의 영화 혹은 예술영화라는 말을 어떻게 정의해야 할지 모르겠어요. 여러 정의가 있을 거라고 생각해요. 다만, 감독의 생각과 철학이 명확한 영화라고 규정하면 큰 무리가 없을 거라고 생각해요.

최근에 '짐 자무시' 감독의 〈패터슨〉이 전국 20개 정도의 극장에서 8주 동안 6만 명이 넘는 관객을 든 것은 이례적인 일이라는 내용의 기사를 접한 적이 있어요. 〈패터슨〉이라는 영화는 미국 뉴저지 소도시에 사는 버스 운전사이면서 시를 쓰는 주인공 '패터슨'의 일주일의 풍광을 잔잔하게 그려낸 영화에요.

이 영화는 2016년 칸영화제 경쟁 부분에 진출한 작품이기도 하죠. 아이언맨이나 마블, 혹은 DC 코믹스의 영화보다 오락적 재미는 없지만 분명히 누구의 가슴이든 울림을 주는 영화라고 생각해요.

〈패터슨〉은 짐 자무시 감독의 영화 중 가장 뛰어난 역작이란 평가를 받았죠. 하지만 우리나라 돈으로 제작비가 53억 원 정도가 들었고, 손익 분기점이 138억 원인데, 96억 원 정도의 매출을 올렸기 때문에 흥행에는 실패하고 말았어요.

그러나 전 세계 영화 팬들은 〈패터슨〉 같은 작은 영화가 풍기는 고유한 향기를 그리워하고, 그런 영화가 주는 따듯한 온기를 느끼고 싶어 한답니

생각해 보기

영화 한 편이 자동차 몇백만 대를 파는 것과 같은 수입을 올린다고 한다. 그리고 이로 인한 캐릭터 산업 등 기타 부가적인 산업의 가치도 매우 크고, 이 산업 역시 계속 성장하고 있는 추세다. 이렇게 영화의 산업적 측면을 중시하는 영화를 상업 영화라고 할 수 있다. 이러한 상업 영화의 장점과 단점은 각각 무엇일까?

다. 그런 영화 팬들에게 짐 자무시 감독은 다음과 같은 말을 전해 주었어요.

이 영화에 대하여 너무 많이 생각하지 마세요. 의미를 다 헤아릴 필요는 없어요. 사실 저도 잘 모르거든요. 이건 그냥 평온한 이야기입니다. 하루하루 살아가는 이야기. 인생이 항상 드라마틱한 건 아니니까요. 이 영화의 순간순간에 함께 있어 주기를 바랄게요.

세계 영화사에서 작가주의가 본격적으로 제기된 건 1950년대의 일이에요. 이전까지 할리우드 스튜디오 시스템이 황금기를 맞으면서 영화는 급격히 산

사례탐구 독립 영화와 상업 영화

독립 영화라는 말은 영화를 통해 이익을 추구하는 상업 영화에 대항해 자신의 생각을 개성 있게 표현한 영화를 말한다. 그러니 독립 영화에서 독립이라는 것은 제작자나 투자자의 자본이나 지원으로부터의 독립을 말한다. 하지만 사실은 '사상의 독립'이라는 말이 더 적절하다. 독립 영화들은 블록버스터에 비해 터무니없이 적은 예산으로 영화를 만든다. 그래서 저예산 영화를 독립 영화라고 부르는 경우도 많다. 이러한 영화들을 통틀어 **다양성 영화**라는 말로 표현하기도 한다. 독립 영화는 대부분 작가주의 영화라고 부를 수도 있겠지만, 할리우드 영화들에서도 작가주의 성격을 가진 상업 영화도 있기 때문에, 모든 상업 영화를 작가주의 영화가 아니라고 단정 지을 수는 없다. 가장 중요한 것은 '감독이 표현하고자 하는 주제와 개성이 살아 있는가?'의 여부와 관련 있다고 할 수 있다.

업화되어 갔고, 영화들은 대량 생산, 대량 배급되었습니다. 이때 할리우드 스튜디오 시스템이 만든 영화들은 관객들의 입맛에 잘 맞았기 때문에 관객들은 계속 그런 영화에 빠져들었죠. 그래서 전성기를 쭉 이어갈 수 있었어요.

하지만 이런 정형화된 영화에서 재미를 찾지 못하는 사람들이 생겨나기 시작했어요. 영화가 시스템화되고 자본의 이익 창출의 도구로 활용되어 상업적으로 이용되는 것을 개탄하는 인식들이 생겨난 거죠. 영화가 가진 더 많은 가치가 공유되기를 바라는 작가들은 이러한 할리우드 시스템을 비판했고, 이에 반대하는 방식으로 자신들을 표현하기 시작했어요.

그들에게 영화는 현대 사회를 표현하는 도구고, 어떤 사회 문제에 대한 고민을 담아내는 외침이기도 했으며, 철학적 사유의 공간이기도 했어요. 이들은 할리우드 영화들은 감독의 개성이나 상품을 담은 콘텐츠라기보다는 스튜디오에서 생산해 내는 상품일 뿐이라고 주장했죠. 그런 새로운 생각을 가진 사람들은 각 나라의 상황을 반영하며 새로운 영화 운동을 펼쳤어요.

각 나라의 대표적인 작가주의 영화들

스튜디오 시스템 정착으로 한껏 기세를 떨치는 할리우드 영화를 비판하는 운동이 일어나기 시작했어요. 각 나라의 많은 영화인들은 영화가 상업적으로 흐르는 걸 경계했어요. 영화가 오로지 돈을 버는 수단으로 전락하는 것을 반대하고, 영화가 가진 또 다른 가치와 미덕에 주목했습니다.

이탈리아의 네오 리얼리즘과 뉴 이탈리안 시네마

네오 리얼리즘(1942-1951)은 이탈리아 영화가 이탈리아 민족의 우수성만

▍제2차 세계대전 이후, 이탈리아는 전쟁의 상처를 이겨내어 이탈리아 영화의 황금기를 맞이하게 되었다. 그것이 바로 뉴 이탈리안 시네마다.

을 내세우던 선전·선동 작업에 이용당했던 과거를 반성하고 전쟁으로 폐허가 된 현실에 관심을 가졌던 시기의 영화 사조에요. 다큐멘터리에 가까운 화면으로, 폐허가 된 이탈리아의 서민들의 삶을 자연스럽고 실제적으로 담아냈죠. 스타나 직업 배우가 아닌 현장의 실제 인물들을 섭외하여 촬영했어요. 그들은 할리우드의 현실 묘사가 드라마화된 것이라 현실을 왜곡한 것이라고 주장했어요. 이런 경향은 나중에 프랑스의 누벨바그나 영국의 프리 시네마에 영향을 끼치게 되죠.

뉴 이탈리안 시네마는 제2차 세계대전 이후, 전쟁의 후유증이 아물 때쯤 나타났어요. 경제가 회복되자 이탈리아 전역이 산업화와 공업화의 물결이 일

전문가 의견

예술은 우리의 비밀스러운 자아를 드러나게 할 때만이 우리를 매혹시킨다.

– 장 뤽 고다르

게 되었어요. 그러자 수많은 영화 제작자, 감독, 배우 들이 로마로 모여들었고, 다시 한번 이탈리아 영화의 황금기를 구가하게 되었죠. 그러면서 이탈리아 영화계에는 새로운 경향을 띤 영화들이 나타났어요.

뉴 이탈리안 시네마의 관심은 농촌에서 도시로, 노동 계층에서 부르주아로, 현실에서 개인의 내면으로 변화했고, 새로운 영화감독들은 시대의 궁핍함이나 사회제도의 열악함을 기록하기보다 인간의 본성과 의사소통의 불가능성, 무기력한 현대인의 삶을 그리는 데 주력했어요. 다시 말해서, 새로운 주제와 독창적인 스타일로 사회의 여러 문제들에 카메라를 들이댄 거죠.

프랑스의 누벨바그

1953년 이후, 프랑스의 젊은 영화감독들은 정부의 사전 제작 지원금의 힘으로 '누벨바그(새로운 물결이라는 뜻)'라는 새로운 영화 운동을 시작했어요.

누벨바그의 젊은 감독들은 문학에 의존하는 각색 영화와 대규모의 제작비를 투입하여 제작되는 역사, 시대물 등을 거부했어요. 제작자와 투자자의 영화 제작의 간섭을 막기 위해, 저예산으로 영화를 제작하기 시작했으며, 이를 위해 감독이 직접 시나리오를 썼죠. 자연스럽게 감독의 개인적 창작의 논리가 강조되었고, **내러티브**의 전개에 있어서도 기존의 기승전결식의 잘 짜인 구성을 거부하고 새로운 시도를 감행했어요.

누벨바그 작가들은 '영화감독들에게 중요한 것은 자기를 표현하는 것'이라고 생각했기 때문에 오히려 이를 방해하는 스타들의 기용을 기피했어요. 그리고 당대 젊은이들의 이야기를 다루려고 노력했죠.

제2차 세계대전 후, 카메라나 필름 등의 기술이 발전하여 조명 장비, 카메라, 녹음 장비 등의 기자재가 현저하게 작아지고 가벼워졌어요. 그에 따른 즉흥적인 연출이나 스튜디오가 아닌 거리에서의 동시녹음 등이 가능하게 되었죠. 그런 이유로 젊은 감독들은 활발하게 그들만의 새로운 영화를 구축할 수 있었어요.

독일의 뉴 저먼 시네마

1962년 오버하우젠 단편 영화제에서 독일의 26명의 젊은 감독들은 낡은 영화의 청산과 새로운 영화의 탄생을 알리며 '아버지의 영화는 죽었다'라는 선언문을 낭독했어요. 이탈리아의 네오 리얼리즘, 프랑스의 누벨바그 운동으로 이어져 온 예술영화 운동을 계승하고 있는 '뉴 저먼 시네마' 운동은 작가주의 영화가 산업적으로 독립할 수 있는 새로운 대안을 모색했다는 점에서 큰 의미를 찾을 수 있죠.

이제 새로운 영화가 도래할 때가 왔다. 이 영화들은 새로운 자유를 원한다. 기존의 산업적 관심으로부터 자유, 상업적 고려에서의 자유, 특정 그룹의

지배로부터의 자유를. 이제 아버지 세대의 영화는 죽었다. 우리는 새로움을 신봉한다.

– 1962년 '오버하우젠 선언' 중에서 '아버지 영화는 죽었다'의 부분

뉴 저먼 시네마는 60년대 초반부터 80년대 초까지 대략 20여 년간 영화 부흥을 가져왔던 운동을 지칭해요. 프랑스의 누벨바그나 이탈리아 네오리얼리즘과는 달리 특정한 양식을 지닌 사조가 아니고 그 시기 자체를 의미하죠.

뉴 저먼 시네마 감독들은 기존의 영화 제작 방식을 거부하고 독립적인 제작과 배급 방식을 추구했고, 자주적인 배급을 위해 서로 연계하여 단편 영화들을 만드는 방식을 취했어요.

뉴 저먼 시네마의 철학이나 스타일은 다양해서 한마디로 정의 내리기는 어려워요. 하지만 뉴 저먼 시네마 작품은 주로 당대의 지식층 관객들과의 소통을 목표로 하고, 상업성을 배제하여, 근본적으로 할리우드 영화나 자국의 상업 영화와 거리를 두고자 했어요.

영국의 프리 시네마

영국은 1950년대 중반 제2차 세계대전의 피해를 극복하고 이룬 경제 성장과 풍요, 소비주의 그리고 영국 특유의 사실주의 전통이 부활해, 젊은 비평가와 감독들을 중심으로 '프리 시네마'라는 다큐멘터리 운동이 시작되었어요.

프리 시네마 운동에는 "자유에 대한, 인간에 대한 그리고 일상생활의 중요성에 대한 믿음"이 내재되어 있었죠. 이들이 말하는 자유란, '개인적인 생각을 표현할 수 있는 자유'와 함께 '상업적인 제작 시스템의 구속으로부터의 자유'를 의미했어요.

프리 시네마는 첫째, 다큐멘터리 영화는 모든 상업적 압력으로부터 자유로워야 하며, 둘째 이것늘은 휴머니즘적이고 시적인 접근 방식을 가지고 만들어져야 한다고 주장했죠. 그들은 특히 노동 계급의 생활을 있는 그대로 재현하는 걸 원칙으로 했어요.

그리고 이들은 장편 영화의 틀에 박힌 양식을 비판했고, 영화의 내용보다 스타일을 연구했으며, 당시 영국 영화가 가진 고전 내러티브 영화에 집착하는 것을 비판했죠.

이처럼 작가주의라고 하는 영화들의 공통적인 점은 새로운 가치, 현실의 반영, 자유로운 창작 등이에요. 그래서 투자자나 제작사의 자본의 영향을 받는 할리우드 스튜디오 시스템을 반대하고 독립적인 방식을 통해 자유로운 창작을 즐겼죠. 또 현실의 고민을 반영하기 위해 사람들의 아픔에 귀를 기울였다는 것이 중요한 공통점이라고 할 수 있어요.

코리안 뉴웨이브(Korean New Wave)

우리나라도 한때 영화 운동이 일어났던 적이 있었어요. 1980년대 독재 정권에 반대한 대학 영화 동아리를 중심으로 '열린 영화', '민중 영화', '민족 영화', '소형 영화' 등의 이름으로 영화 운동이 들불처럼 일어났습니다.

1987년 13개 대학 영화 동아리가 대학영화연합을 결성했고, 1986년 '서울영상집단'은 소규모 영화 단체들을 통합해 〈파랑새〉(1986) 등을 제작했죠. 1980년대 후반에는 '장산곶매', '푸른영상' 등이 〈상계동 올림픽〉(1988), 〈파업

전야〉(1989) 등을 제작해 대학가와 노동 현장을 순회 상영하며 조직적인 문화 운동을 펼치기도 했어요. 경찰들이 대학 내의 영화 상영을 저지하기 위해 대학 안으로 투입되기도 했습니다.

당시의 시대상을 엿볼 수 있는 웃지 못할 장면 하나를 소개해 드릴게요. 당시 〈파업전야〉를 만들어 학생들의 민주화 운동에 동참했던 '장산곶매'가 〈오! 꿈의 나라〉(1989)라는 영화를 만들어 대학가를 돌며 상영하고 있었던 때였어요.

당시 정부는 이 영화의 필름을 압수하기 위해 혈안이 되어 있었고, 이에 맞서 학생들은 최대한 영화를 많이 틀어 보다 더 많은 학생들에게 관람시키기 위해 '게릴라식 상영'을 감행했죠. 그 영화의 상영 전단이 붙자마자 저도 서둘러 영화를 보기 위해 단과대 소규모 상영실을 찾았어요.

그런데 영화를 보던 중에 갑자기 한 학생이 단상에 올라와 소리쳤어요.

1980~1990년대 대학에서는 '장산곶매'가 제작한 〈파업전야〉나 〈오! 꿈의 나라〉를 종종 상영했고, 이를 저지하는 경찰과 상영을 강행한 학생들 사이에서 추격전이 벌어지기도 했다.

"이 중에 **프락치**(경찰 끄나풀)가 있습니다."

제대를 하고 복학을 준비하던 시기여서 저는 헐렁한 군복을 입고 있었어요. 그리고 한동안 학교를 쉬었던 터라 학생증도 없었고, 아는 친구도 없었죠.

경찰들보다 학생들에게 프락치로 몰려 몰매를 맞지나 않을까 더 걱정이 되었어요. 다행히 별일 없이 그날 상영은 무사히 끝났어요.

이 외에도 여러 독립 영화 단체들이 이 시기에 생겨났고, 수많은 단편 영화들이 제작되기도 했어요.

이처럼 코리안 뉴웨이브는 1980년대에서 1990년대 중후반까지 새롭게 등장한 몇몇 한국 영화들을 지칭해요. 한국 영화사에서는 최초의 영화 운동이라고 부를 수 있을 것 같아요. 1980년대 말, 대학 영화 동아리를 중심으로 활동했던 영화인들이 충무로라고 부르는 한국 영화계의 중심에 들어가 작가주의 작품을 시도했어요.

이들은 기존의 영화 형식을 파괴하거나 사회적 이슈가 될 만한 작품들을 주로 만들었죠. 코리안 뉴웨이브에 해당하는 감독으로는 배창호, 이명세, 박광수, 장선우 등이 있어요.

뉴웨이브가 지니고 있는 특징인 작가주의 성격이 이들 영화에서 주로 나타났죠. 코리안 뉴웨이브는 이들이 활동하기 전의 기존 영화와는 내용이나 형식, 주제가 색다른 작가주의 영화라고 규정할 수 있어요.

한국의 뉴웨이브 감독들도 다른 여러 나라의 작가주의 감독들처럼 사회적인 문제들에 관심을 가졌고, 할리우드의 거대 자본 영화에 대항하여 새로운 표현 양식을 발견하고자 노력했죠. 이른바 좀 더 뛰어난 '미장센'을 만들기 위해 노력했다고 할 수 있어요.

앞서 밝혔듯이, 문화는 '세뇌성'이 강하다고 했죠? 영화를 보다 보면 자기도 모르는 사이에 그 안에 담겨 있는 문화를 자연스럽게 따라하게 되죠. 마치 제가 미국의 성조가를 은연중에 따라 부르게 된 것과 같은 이치죠. 그래서 주제적인 가치가 중요시되지 않고 소재들을 기획적으로 이용한 영화들을 보는 것에는 신중한 선택이 따라야 해요.

최근 들어 기획 영화들이 많이 제작되기는 하지만, 여전히 한쪽에서는 영화의 가치를 상업적 의미와는 또 다른 의미로 바라보고, 이를 추구하는 작가주의 영화를 만드는 사람들이 있어요. 상업 영화에 비해 상대적으로 힘겨운 상황에 놓여 있는 이들이지만 미약하게나마 영화의 미학적 생명력을 유지하기 위해 발버둥을 치고 있죠.

우리가 스크린쿼터를 통해 사수하고자 했던 가장 중요한 것은 다름 아닌 영화가 지닌 문화적 가치에요. 이것은 우리의 '선택'의 문제일 수 있어요. 경

집중탐구 미장센

프랑스어로, 본래 연극에서 쓰이는 말이지만 최근에는 영화에서 흔히 쓰이는 전문용어다. 미장센은 한 화면 속에 담기는 이미지들이 주제를 드러내도록 하는 영화 기법을 말한다. 미장센 기법을 사용한 영화는 짧게 편집하지 않고 긴 호흡으로 보여 주는 '롱 테이크(long take)'나 한 화면 속에서 일어나는 일이나 배치된 물건들을 보여 주는 '딥 포커스(deep focus)' 기법을 많이 사용한다.

제 위주의 자본주의 사회에서는 경제적 가치와 이윤을 가장 중요한 것으로 삼고 있죠.

하지만 그것 말고도 우리에게는 중요한 또 다른 가치가 있다는 것을 잊지 않아야 해요. 문화의 획일성을 거부하고 다양한 문화를 창조하고 즐길 수 있을 때 인간의 사고의 폭이 더욱 건강하고 다양해지기 때문이죠.

우리는 작가주의 영화에 대한 끊임없는 관심을 가져야 해요. 이것이 문화를 더욱 다양하고 풍족하게 섭취하게 하여 우리의 문화적 균형을 유지해 주기 때문이죠. 그런 의미에서 작가주의 영화가 끝까지 살아남아, 제 역할을 다해 주기를 바라고, 또 상업 영화의 광풍이 세찰수록 작가주의 영화의 씨앗을 싹 틔울 토양이 더 기름질 수밖에 없다는 것도 알았으면 해요.

간추려 보기

- 한국 영화는 관객 수 2억 명을 돌파했고, 매출은 2조 원을 넘어섰다.
- 대규모 자본을 투입한 한국 영화가 탄생했고, 어마어마한 수익이 창출되었다.
- 팝콘과 콜라의 판매 수익이 영화 입장권 수익을 능가했다.
- 영화의 상영 간격마저 영화의 산업적인 부분에 의해 결정된다.
- 작가주의 영화는 역동적으로 변화하는 사회 문제와 새로운 가치에 관심을 갖고 있고, 다양성과 자유로움을 추구한다.

영화 자본의 거대 기업화로 어떤 일들이 일어나는가?

영화의 산업화, 기업화로 영화의 퀄리티가 좋아졌어요. 하지만 이로 인한 영화 자본의 빈익빈 부익부 현상, 즉 다양한 영화가 만들어지지 않는 폐해도 생겨났습니다. 스크린 독과점은 미국에서도 금지한 시스템입니다. 영화 선택을 획일적으로 강요하는 스크린 독과점 문제를 제대로 인식하고, 건강한 문화를 지키기 위한 노력을 기울여야 할 때입니다.

대기업 영화사들은 제작, 배급, 상영을 함께 할 수 있는 인프라를 갖추어 안정적으로 영화를 제작하고 더 큰 열매를 거두어들일 수 있게 되었어요. 그래서 예전과는 달리 스타 한 명에 의지하지 않고 스타들을 멀티캐스팅하여 더 큰 수익을 담보할 수 있게 되었어요. 이로써 한국 영화는 제작비를 크게 키울 수 있는 토대를 마련되었고, 영화의 기술력도 높아졌어요. 이런 점은 한국 영화에 있어 긍정적인 일이라고도 할 수 있죠.

〈신과 함께〉, 〈미스터 고〉, 〈군함도〉 같은 영화는 이러한 구조가 아니면 결코 나올 수 없는 영화니까요.

대기업 자본으로 만들어진 영화와 달리, 작은 영화는 홍보 부족으로 인해 관객들의 시선을 끌기가 힘들며, 극장을 잡기 힘들어 영화 관람을 하기도 힘든 상황이에요. 이것이 지금 한국 영화의 화려함 속에 숨어 있는 짙은 그림자라고 할 수 있죠.

국민의 5분의 1인 1,000만 명의 관객이 본 영화는 어마마한 울림을 가지고 그 감동이 오랫동안 지속되어야 마땅한데, 겨우 2~3개월이 지나면 관객들에게 완전히 잊혀요. 사실, 작년에 천만 관객을 넘은 영화의 제목을 상기하는 일조차 힘들 지경이죠.

영화를 오락성으로만 판단한다면 충분히 있을 수 있는 일이에요. 시간을 소비하듯이 영화를 소비하면 그만이니까요. 하지만 영화의 또 다른 소중한 가치, 즉 예술성으로 판단한다면 어떠할까요? 스타를 앞세운 화려한 볼거리가 영화의 주된 주제나 메시지를 빛나게 하면 좋지만, 가려 버린다면 큰 문제가 아닐 수 없죠.

영화의 빈익빈 부익부, 영화의 다양성 상실

멀티플렉스 영화관을 소유한 배급사들, 즉 CJ엔터테인먼트, 롯데엔터테인먼트, 쇼박스 등이 투자한 영화들은 자신들이 소유한 극장(CGV, 롯데시네마, 메가박스)에 우선적으로 배급하게 되죠. 그러니 다른 작은 영화는 멀티플렉스에 영화를 거는 일이 사실상 불가능합니다. 또 이들 기업이 영화계를 주도하고, 이들 영화로 이익을 얻는 제작사들은 더 큰 자본을 영화 제작에 투입하게 되죠.

결국 이들은 중소형 영화사와의 간극을 한층 더 넓히는 결과를 가져 왔어요. 이 말은 곧 중소형 영화사들이 설 자리를 빼앗아 버렸다는 거예요. 저예산 영화가 어렵게 영화를 완성했다고 해도 상영할 곳이 없어요. 이렇듯 한국 영화 간의 빈익빈 부익부 현상은 점점 더 심화되어 가고 있어요.

총 100억 원 이상의 영화 편수(14편)는 2015년(6편)에 비해 크게 증가했어요. 하지만 전체 영화 제작 편수는 더 줄었어요. 물론 다큐멘터리나 독립 영화도 개봉하여 입소문을 타고 활약하는 경우도 왕왕 있죠.

2017년에 〈노무현입니다〉라는 영화가 다양성(저예산) 영화로는 매우 높은 박스오피스 기록을 세우기도 했어요. 영화진흥위원회 자료로 2017년 다양성 영화 10위에 올랐으니까요. 하지만 〈노무현입니다〉와 〈스파이더맨 : 홈커밍〉의 영화 상영관 수는 천지 차이가 있었죠. 입소문을 타게 돼서 상영관을 늘려 간 〈노무현입니다〉와, 처음부터 1,900개가 넘는 상영관을 차지한 〈스파이더맨 : 홈커밍〉은 공정한 경쟁을 했다고 할 수 없어요. 만약 〈노무현입니다〉와 〈스파이더맨 : 홈커밍〉이 균등한 수의 스크린에서 상영하게 되었다면 〈노무현입니다〉의 흥행 성적은 어떻게 되었을까요?

100억 원 이상의 제작비가 들어간 영화는 그 비용을 뽑기 위해 1,000개 이상의 상영관을 배당받아야 해요. 그로 인해서 제작비가 적게 들어간 영화들은 상영조차 할 수 없게 되는 악순환이 벌어지죠. 400억 원짜리 영화 한 편보다 50~60억 원짜리 6~7편이 만들어진다면 더 건강하고 다양한 영화 생태계 환경이 유지될 수 있지 않을까요?

스크린 독과점에 속지 말자 : 천만 관객 영화? 다 좋은 영화인가?

〈군함도〉의 스크린 독과점은 '역대 최상급'이라고 할 만해요. 〈군함도〉는 개봉 첫날 2,027개 상영관에서 상영됐어요. 전국의 스크린 수는 2,575개인데 말이에요(영화진흥위원회, 2016년 기준). 미국은 전체 스크린 수의 10% 이내로 한정하는 스크린 상한선 규제가 도입되어 영화끼리 좀 더 공정한 경쟁 환경을 강제하고 있어요.

물론 이전에도 독과점 문제가 제기된 영화들은 있었죠. 하지만 다른 영화들과 비교해 봐도 〈군함도〉의 스크린 수는 '역대 최상급'이었어요. 국내 역대 박스오피스 상위권 영화들과 현재 상영 중인 주요 영화들의 스크린 수를 비교해 보면, 이른바 '흥행 영화'들의 개봉 스크린 수가 증가되어 왔다는 걸 알 수 있죠. 앞으로 2,100~2,200개 이상이거나 아니면 전국 모든 상영관에서 하나의 영화만 상영되는 날이 올까 봐 걱정이 돼요. 아니 지금 전국의 모든 상영관에서 하나의 영화만 상영되고 있다고 해도 과언은 아닐 듯싶어요.

역대 영화들의 스크린 수

1위 군함도 – 2,027개

2위 캡틴 아메리카 : 시빌 워 – 1,991개

3위 스파이더맨 : 홈커밍 – 1,965개

4위 어벤져스 : 에이지 오브 울트론 – 1,843개

5위 검사외전 – 1,812개

6위 부산행 – 1,788개

7위 덩케르크 – 1,252개

위의 숫자는 개봉 첫 주 최대 스크린 수를 기록한 통계에요. 그러나 위의 자료에서 보듯이 역대 스크린 수 7위 안에 든 한국 영화가 세 개에요. 이건 우리가 주목해야 할 부분이라고 생각해요. 왜냐하면 자본의 논리대로라면 한국 영화는 아무리 노력해도 할리우드 영화들에게 자본의 규모로는 상대가 되지 않기 때문이죠.

저 수치는 이미 우리 영화가 할리우드 영화에 잠식되어 가고 있음을 방증하고 있어요. 지금 우리나라 영화가 선전하고 있어, 할리우드 영화를 이겨낼 수 있다고 착각하면 안 돼요. 게다가 우리나라의 대기업 멀티플렉스는 앞의 자료를 보면 알 수 있듯이 결코 한국 영화를 더 선호하지 않습니다. 그냥 돈이 될 영화를 선호합니다. 그러면 한국 영화일까요? 할리우드 영화일까요? 아무래도 할리우드 영화가 더 흥행이 될 요소가 많겠죠.

그렇다면 다른 나라의 경우처럼 한국 영화가 할리우드 영화에 점령되는 것은 시간 문제인지도 몰라요. 우리는 할리우드 영화의 우리 문화 잠식 현상에 눈을 떠야 해요. 그렇지 않으면 우리는 성조가를 마치 우리 애국가처럼 부르게 될 테니 말이죠.

우리는 스크린 독과점에서 벗어나는 일이 문화 주권을 지키는 데에 필수적인 일이란 사실을 인지해야 해요. 또 불공정한 경쟁의 최종 승자는 결국 할리우드 영화가 될 수밖에 없다는 사실도 유념해야 해요. 이제 스크린쿼터에 대한 대중의 관심은 멀어졌지만 스크린 독과점이라고 하는 새롭고 더 강력해진 적에게 영리하게 대처하는 자세가 필요해졌어요.

2016년 현재 영화 시장 규모를 보면 미국은 103억 달러, 세계 1위고, 2위는 중국 66억 달러, 3위는 일본 20억 달러 규모이에요. 1, 2위 간에 규모상 배 이상 차이가 나는 것도 문제지만, 더 큰 문제는 미국과 타국의 영화 환경 차이입니다. 미국은 2012년 영화표 한 장당 7.96달러인데, 중국은 중국인들의 약한 구매력을 차치하고서도 2010년 영화표 한 장당 6.4달러입니다. 그만큼 미국이 중국에 비해 많은 사람들이 영화 관람을 즐길 수 있는 구조입니다. 그리고 3위인 일본은 더 문제예요. 일본은 수직적 계열화의 끝판왕인 나라이기 때문입니다. 일본 배급사인 도호시네마는 일본 영화 시장 전체 점유율의 70%를 차지하고 있습니다. 그러다 보니 일본은 캐스팅부터 각본까지 창작자의 자유가 거의 없습니다. 우리나라는 15억 달러, 세계 7위입니다. 우리나라 관람객 수는 일본 관람객 수와 비슷해요. 그렇지만 그다지 좋은 상황은 아닙니다. 상황을 역사적으로 유추해 보면 암울함이 더 확실해집니다. 이탈리안 네오 리얼리즘, 프랑스의 누벨바그, 독일의 뉴 저먼 시네마, 영국의 프리 시네마 등 한때 작가주의 영화 운동이 활발히 일어난 국가조차도 다시 미국 할리우드 영화가 점령했습니다.

한국 영화가 사라지기 전에 우리는 한국 영화의 현실을 잘 알고 한국 영화 속에 자리 잡고 있는 힘의 논리를 재정립하는 일이 중요해요. 또한 관객들 스스로 이를 영리하게 파악하고 대처하는 자세가 필요하다고 생각해요. 그것이 결국 우리의 문화적 자주성을 지키는 중차대한 문제이기 때문이에요.

장애인 학교의 선생님이 된 어릴 적 친구를 최근에 만난 적이 있어요. 그 친구와 저는 조금 특별한 인연을 가지고 있죠. 어릴 적 고향에서 초등학교 때부터 함께 자란 친구죠. 중학교부터는 서로 다른 학교를 다녔지만 그래도 자주 만나는 친구였어요.

이 친구와는 대학에 와서도 비슷한 전공을 하게 돼서 자주 만나 우정을 나누던 사이였죠. 그런데 어느 날 갑자기 학교를 그만두겠다는 이야기를 했어요. 그 말을 듣고 나서 꽤나 놀랐어요.

친구는 나름대로 전망이 좋은 학과에 다니고 있었기 때문이었죠. 왜 그런지 물었어요. 그랬더니 친구는 앞으로 장애인들을 위한 인생을 살겠다고 결심했다고 했죠.

친구는 〈안녕하세요, 하나님〉이라는 영화에 나오는 장애인 캐릭터가 자신의 진로 결정에 큰 영향을 주었다고 털어놓았어요. 때마침, 저는 〈시네마 천국〉이라는 영화를 보고 난 뒤 영화를 하려고 굳게 마음먹고 있었던 터라, 둘

이 하고 싶은 일을 끝까지 하자며 축하의 건배를 건넸던 기억도 생생히 나요.

그 친구와 저는 지금도 각자의 꿈을 향해 나아가고 있어요. 그런 친구가 저에게 이런 말을 건네는 거예요.

"야, 한 감독! 나 〈명량〉을 재밌게 봤다. 근데 내가 어릴 적 본 〈난중일기〉란 영화보다 더 대단히 잘 만들었다는 생각은 안 드는데…… 왜 1,700만 명이나 본 거냐?"

솔직히 그 친구가 중학교 때 본 〈난중일기〉란 영화가 〈명량〉보다 더 잘 만들어졌다고는 확신할 수 없어요. 하지만 감히 말하건대 그 친구가 중학교 때 본 이순신 장군의 모습이 이제 교감 선생님을 목전에 둔 친구가 본 이순

▌이순신 장군의 이야기를 담은 〈명량〉과 〈난중일기〉 중 어떤 영화가 더 나은 영화인지는 관객들 마음속에서 이루어지는 주관적인 평가일 것이다.

신 장군의 모습보다 더 감동적일 수는 있겠다고 생각해요. 왜냐하면 어릴 적 순수한 감성을 가지고 본 영화였기 때문이죠.

〈난중일기〉란 영화가 〈명량〉보다 물론 기술적으로 더 잘 만들어졌을 리는 없겠죠. 당연히 190억 원의 의 제작비가 들어간 〈명량〉이 예전의 〈난중일기〉보다 더 완성도가 높을 거란 건 분명해요. 〈명량〉이 〈난중일기〉보다 흥행이 된 것은 〈명량〉이 최근 한국 영화의 산업적 흐름과 잘 맞아 떨어졌기 때문이에요.

한편, 저는 그 친구가 〈안녕하세요, 하나님〉을 보고 특수교육학과에 입학했던 것처럼, 요즘 청년들이 보다 다양한 영화를 보고 새로운 세계를 꿈꿀 기회가 차츰 닫히고 있는 것 같아 마음이 씁쓸했습니다.

한국 영화의 국뽕화?

〈군함도〉나 〈명량〉의 관객 수를 두고 이야기할 때 불거진 또 하나의 논란이 '한국 영화의 국뽕화'에요. 물론, 〈군함도〉나 〈명량〉은 잘 만들어진 영화인 것은 분명해요. 하지만 '국뽕화'라고 비아냥거리는 단어까지 나온 것을 보면 한국 영화의 지나친 상업적 기획을 우려하는 목소리가 상당히 격앙되어 있음을 알아야 해요. 현재까지는 한국 영화가 성공적인 성장을 이루고 있다는 생각이 들지만, 이러한 우려의 목소리에도 귀를 기울여야 한다고 생각해요.

저는 2017년 11월에 〈돼지의 최후〉라는 독립 영화의 촬영을 마쳤어요. 2억 원 정도의 저예산으로 만들어진 영화였죠. 만나는 사람마다 저에게 "대박 나세요!"라는 인사말을 전했어요. "어떤 영화예요?" 하고 묻기보다는 '저예산 영화를 만드느라 고생했다.'는 의미의 인사를 전해 준 셈이죠.

한편, 영화로 대박을 기원한다는 것은 여러 가지의 의미가 함축되어 있겠지만, 아마도 '관객이 많이 들어 돈 많이 벌길 바랍니다.'라는 의미가 가장 크겠죠? 하지만 이것은 영화를 단지 산업으로 치중해서 생각한 해석일 거예요.

영화를 만드는 스태프는 영화가 대박이 나도 사실 주머니 사정이 크게 달라지지 않아요. 수입 면에서 사람들이 생각하는 것만큼 많은 **인센티브**를 받는 것도 아니에요. 하지만 영화에 돈을 투자한 투자자에게는 와 닿는 인사라고 할 수 있겠죠.

하지만 저는 "〈돼지의 최후〉가 어떤 영화예요?"라고 영화 내용에 관심을 가져주는 편이 더욱 반가워요. 많은 스태프들은 영화를 산업보다는 예술로 생각하기 때문이죠. 독립 영화는 대부분 스타가 나오지도 않고 많은 극장을 잡을 수도 없어요. 이른바 대박을 치기가 '하늘의 별 따기'예요. 그래서라기보다 저 역시 영화를 예술로 생각하는 측면이 강해서 그런지, 어떤 영화인지 뭐 그런 유의 관심을 받는다면 더 행복할 거 같아요. 그렇다면 천만 관객이 넘어서면 관객은 어떤 면에서 좋은 걸까요?

사실 관객들도 천만 영화가 나온다고 해서 영화를 제작해서 대박을 친 대기업 영화 제작사와 달리 별다른 이해관계가 없겠죠. 관객의 측면에서 보면 앞에 소개한 친구의 경우처럼 인생의 진로에 도움을 준 영화가 천만 관객 영화보다 더 좋은 영화라고 할 수 있겠죠? 이제 천만 관객 영화보다는 스스로에게 좋은 영향을 주는 '내 인생의 영화'를 찾는 일에 더 관심을 기울이는 게 낫지 않을까요?

생각해 보기

영화를 제작하는 목적은 여러 가지가 있다. 영화를 만들어 대박을 쳐서 많은 극장 수익을 올리고 그로 인한 캐릭터나 기타 부가 수익으로 인해 많은 돈을 벌고자 하는 사람이 대부분이다. 그런데 이와 달리 영화를 통해 무언가를 표현하거나 말하고 싶어 영화를 제작하기도 한다. 결국, 상업 영화와 작가주의 영화, 둘은 목적 면에서 상반된 성격을 갖고 있다.

넷플릭스? 스크린 독과점의 대안이 될 수 있을까?

2017년 6월 넷플릭스(Netflix)가 제작한 봉준호 감독의 〈옥자〉라는 영화가 기존의 개봉 방식을 벗어난 방식으로 개봉을 했어요. 넷플릭스는 온라인 스트리밍 서비스 업체이므로 온라인과 오프라인 개봉을 동시에 하겠다는 방침을 고수했고, 국내 주요 멀티플렉스 극장 측인 CGV, 롯데시네마, 메가박스에서는 〈옥자〉의 상영이 절대 불가하다며 각을 세웠어요. 결국, 관객들은 3대 멀티플렉스 체인에서는 〈옥자〉를 볼 수 없었어요. CGV는 영화업계에는 '극장 상영 후, VOD 서비스'라는 기본적인 원칙이 있는데, 처음부터 동시 상영을 하자는 것은 회사의 운영 방침을 바꾸는 일이기에 우려스럽다는 입장을 밝혔죠.

〈옥자〉는 넷플릭스 가입자들이 낸 돈으로 만든 영화다. 극장이 상영할 동안 가입자들의 우선권을 뺏을 순 없다고 본다. 왜 이런 논란이 생겼을까? 결

국, 내 영화적 욕심 때문이라고 생각한다. 넷플릭스 영화지만 극장에서 볼 수 있으면 좋겠다. 미국과 영국, 한국의 큰 스크린에서 걸었으면 좋겠다는 말을 내가 쭉 해 왔다. 넷플릭스가 거기에 공감했기에 진행된 거다. 아직 법과 제도가 정비되지 않아 혼란이 있는데 규칙이 나오기 전에 영화가 먼저 도착한 것 같다. 한국도 프랑스와 마찬가지로 〈옥자〉가 규정이나 룰을 정비하는 신호탄이 되었으면 한다.

– 영화감독 봉준호

하지만 대부분의 사람들은 CGV가 기본적인 원칙을 말할 자격이 있냐고 물었어요. 그리고 당시 CGV는 자사 계열에서 제작한 특정 작품에 엄청나게 많은 스크린을 배정했어요. 결국, 〈옥자〉는 개봉 일까지 3대 멀티플렉스 개봉이 무산됐고, 멀티플렉스를 제외한 소규모 영화관에서 개봉하게 되었죠.

영화계는 〈옥자〉가 작품 자체보다는 개봉 방식을 둘러싼 논란이 중심이 된 것에 대해 안타깝다는 반응을 보였죠. 사실, 이건 대기업들의 밥그릇 싸움이지, 관객들에게는 해만 되는 일이거든요.

언제부터인가 영화를 보는 방식이 달라져 가고 있어요. 사람들이 극장에 가지 않고도 영화를 볼 수 있게 되었죠. 덕분에 디지털 온라인 시장의 매출이 급성장하고 있어요.

디지털 온라인 시장 매출 4,362억 원으로
2016년 대비 5.7% 증가

– 2018년 영화진흥위원회 통계 자료

티비를 통해서 영화를 보기에 알맞은 '홈 시네마 시스템'의 등장으로 영화 상영의 새로운 방법인 '온라인 서비스'가 나타나기 시작했다.

요즘 많은 사람들이 집 안에 대형 TV 화면과 좋은 음향 시설, 이른바 '극장 시스템'을 갖추었어요. 그래서 극장까지 굳이 가지 않아도 여러 명의 가족들이 영화 한 편의 가격만 지불하고 집 안에서 안락하게 여러 번을 관람할 있게 되었죠.

영화 상영의 새로운 패러다임이 만들어지기 시작한 거예요. 하지만 이것이 영화 상영 방식의 큰 변화를 가져올지는 판단할 수 없어요. 아직도 영화는 극장의 어두운 공간 안에서 커다란 스크린으로 감상해야 제 맛이라는 관객들의 수가 훨씬 많으니까요.

봉준호 감독의 〈옥자〉는 이런 점에서 큰 의미를 가진 작품이에요. 하지만 온라인 시스템을 구축하는 자들이 관객의 문화적 다양성을 존중하기 위해 온라인 시스템을 구축한 게 아니란 사실을 잊어서는 안 돼요.

넷플릭스의 단점과 장점

넷플릭스는 태생적으로 타 기업과 똑같은 목적이 있어요. 즉 최대 이윤의 추구죠. 넷플릭스는 스크린 독과점을 타개하기 위해 나타난 게 아니라 오히려 그 이상의 욕심을 가지고 태어난 거예요. 또 넷플릭스가 자신의 의도대로 기존의 극장을 대신할 수 있을지도 미지수지요. 영화 관람의 기본적인 특성인 '어둠 속의 대형 스크린'이라는 매력을 과연 뺏어 갈 수 있을까요? 하지만 많은 관객들이 넷플릭스에 반응하고 영화 시장이 점차 변화하고 있는 것도 사실이죠. 우리에게 영화를 독과점 방식으로 배급하던 폐해를 조금이나마 감소시킬 수 있는 새로운 방법이 될 수는 있다고 생각해요. 하지만 거기까지입니다.

무엇보다 우리는 자본의 괴물이 한국 영화 시장을 완전히 잠식해 버리는 문

▌ 넷플릭스는 스크린 독과점의 폐해를 개선하기 위해 탄생한 것이 아니다.

제에 계속 천착할 필요가 있습니다. 자본가들은 돈의 논리로 서로 긴밀하게 결탁하죠. 수익을 위해서라면 힘을 합쳐 물불을 안 가리죠. 기존 극장과 넷플릭스가 언제 새롭게 결탁하여 새로운 상품을 만들어 낼지는 모를 일입니다. 그렇다면 과연 넥플릭스와 한국 대기업들 간에도 차이가 있을까요? 단연코 '아니'라고 말할 수 있어요. 그들이 가장 중요하게 여기는 가치는 순전히 '이익 추구'니까요.

우리가 늘 잊지 말아야 하는 것은 미국으로부터 우리 문화를 지키자는 '스크린쿼터 사수'와 더불어, 우리 스스로 우리의 자유로운 선택을 할 수 있는 마당을 마련해야 한다는 점이에요. 스크린 독과점에 의하여 우리나라 영화가 경쟁력이 강화되었다고 해서, 넥플릭스가 제공하는 온라인 상영으로 편하게 영화를 보게 되었다고 해서, 외형적인 모습만 보고 판단이 흐려져서는 안 돼요.

가장 중요한 것은 작가주의 감독들의 외침처럼, 우리가 문화를 더 다양하고 가치 있게 즐길 수 있도록 토양을 바꾸는 일이에요. 그건 우리들이 우리 스스로의 가치를 소중하게 지키는 중요한 시발점이 되기 때문이죠.

건강한 영화 시스템, 크라우드펀딩

저는 2014년에 〈루시드〉라는 3D 단편 영화를 만들어 영화제에 출품한 적이 있었죠. 그때 영화제 측과 연계한 **크라우드펀딩** 회사로부터 본선에 오른 작품들을 상대로 100만 원을 목표로 크라우드펀딩을 해 보자는 제안을 받았어요. 그때까지 크라우드펀딩이 뭔지 잘 몰랐던 저는 호기심에 응했어요. 그리고 다행히 100만 원의 후원금을 모으게 되었어요.

▍ 목표액 100만 원 중 121만 원의 후원금을 모아 크라우드펀딩에 성공한 영화, 〈루시드〉

물론 100만 원은 영화를 만들기에는, 작은 단편 영화라고 해도, 큰 도움이 되지 않은 액수의 돈이었어요. 하지만 크라우드펀딩을 매력적으로 느낀 건, 영화를 작게나마 홍보하고 소개할 수 있었다는 점이었죠. 결국 저의 이야기에 관심을 갖거나 혹은 지인들이 펀딩에 참여해 주면서 서로 작품을 소통하게 되었다는 부분이 가장 좋은 점이 아니었을까요? 돈의 액수보다는 뭔가 든든한 후원자가 생긴 것 같고, 혼자가 아니라는 생각에 더 큰 힘이 일었던, 소중한 경험을 했어요.

크라우드펀딩은 2005년 영국에서 시작되었고, 한국 영화에서도 점점 활성화되고 있는 추세에요. 크라우드펀딩은 단순히 제작비 조달을 위한 수단이 아니라, 대중의 공감대를 불러일으킬 수 있다는 데에 메리트가 있었어요. 그렇기 때문에 어려운 예술 독립 영화나 사회적 이슈를 소재로 한 영화를 중심으로 크라우드펀딩이 활용되고 있죠.

2016년 상반기 개봉한 위안부 소재의 영화, 〈귀향〉은 투자 유치에 어려움을 겪어 기획부터 완성에 이르기까지 14년이 걸렸어요. 문자 메시지와 ARS 후원, 다음(Daum)의 뉴스 펀딩, 유캔 펀딩 등을 통해 7만 5천여 명으로부터 순제작비 24억 원 중 12억 원을 마련했고, 결국 영화 제작을 무사히 마치게 되었죠. 〈귀향〉은 개봉 3일 만에 손익 분기점인 관객 60만 명을 돌파했고, 누적 관객 수 358만 명을 기록했어요.

또 2016년 화제가 되었던 이창재 감독의 영화 〈노무현입니다〉는 역대 최단 시간인 26분 만에 목표 금액 100%를 달성하는 기록을 세웠고, 역시 다큐멘터리로서는 큰 흥행을 이루어 냈죠.

크라우드펀딩이 다 성공하는 것은 아니에요. 하지만 크라우드펀딩은 스타 시스템을 이용한 상업주의 영화가 아니더라도 공감할 만한 사회적 이슈를 다루거나 다큐멘터리 영화를 제작할 때 상당한 도움을 받을 수 있는 제도인 것은 분명하죠. 그리고 펀딩에 참여한 사람들은 자연스럽게 주변에 영화를 홍보할 것이므로, 홍보 효과도 기대할 수 있어요. 이런 면에서 크라우드펀딩은 건강한 영화 제작 문화를 위한 좋은 시스템이라고 할 수 있을 거예요.

크라우드펀딩의 장점

예술영화나 독립 영화의 활성화

자본의 투자보다 일반 관객의 문화에 대한 후원

다양한 소재의 개발

소수층에 대한 관심

홍보의 용이함과 합리적 비용

한국 영화의 의미 있는 흥행

〈장군의 아들〉의 단관 개봉

1990년에 임권택 감독은 스타 없이 신인 배우만을 선발하여 새로운 액션 스타일의 영화 〈장군의 아들〉을 만들었어요. 이 영화는 관객 67만 9,000명을 기록했어요.

이 작품의 의미는 거의 모든 배우들을 신인으로 선발해서 이룬 성과라는 것이죠. 스타 시스템을 통하지 않더라도 얼마든지 흥행에 성공할 수 있음을 보여 준 의미 있는 작품이라고 할 수 있어요.

영화명	지역	스크린 수	누적 매출액(점유율)	누적 관객 수(점유율)
장군의 아들	서울시	1	0(%)	678,946(%)
	전국	0	0(100%)	0(100%)
군함도	서울시	386	11,091,878,868(22.0%)	1,398,649(21.2%)
	전국	2,027	50,510,565,168(100%)	6,592,151(100%)

출처 : 공식(연감) 통계. 통계 기준일 : 2018/01

앞의 영화진흥위원회 기록을 보면 〈장군의 아들〉 스크린 수가 단 한 개예요. 〈군함도〉의 2,027개와는 너무나도 많은 차이가 있죠?

〈서편제〉, 100만 관객의 의미

1980년대까지 우리나라 영화는 개봉관에서 먼저 개봉을 하고 2~3년에 걸쳐 재개봉관에서 개봉한 다음, 마지막으로 동시 상영관. 이런 순서대로 상영되었어요.

그리고 80년대 초반까지만 해도 영화 상영 시스템은 단관 개봉이었죠. 지금은 집 근처에서 개봉 영화를 볼 수 있지만 그때는 종로, 충무로, 신촌 등지에 가야만 개봉 영화를 볼 수 있었습니다.

〈서편제〉는 1993년 '**단성사**'에서 개봉하여 6개월 동안 장기 상영하면서 최종 스코어 103만 6,000명이라는 대기록을 세웠어요. 하루에 6회 상영을 하고 관객이 다 찼다고 가정하고, 1회 상영에 500명이라고 치면, 하루에 약 3,000명 정도이니 백만 관객이라는 것은 매회, 매일, 관객들이 극장에 가득 찼더라도 1년이 넘어야 도달할 만한 수치예요.

이것은 그야말로 어마어마한 기록이죠. 참고로 〈군함도〉는 개봉 3일 만에 200만을 돌파했어요. 그래서 〈서편제〉의 100만 관객은 요즘 천만 관객보다 더 대단하다고 볼 수 있어요.

〈실미도〉, 〈왕의 남자〉의 스크린 수

2003년 〈실미도〉는 전국 51개 스크린에서, 그리고 2005년 〈왕의 남자〉는 전국 313개의 스크린에서 상영하여 천만 관객을 돌파했어요. 〈실미도〉가 한국 영화 천만 관객의 시대를 열었지만 결코 최근 추세처럼 극장을 2,100개 가까이 잡는 스크린 독과점이라는 변칙은 자행하지 않았어요.

이는 흥행이 될 만한 영화들은 스크린을 강제로 늘리지 않아도 천만 관객이 영화를 본다는 의미가 되겠죠?

간추려 보기

- 영화 자본의 거대 기업화로 인해 한국 영화는 제작비가 크게 상승할 수 있었고 이로 인해 한국 영화의 경쟁력이 향상되었다.
- 영화의 산업화로 인한 '빈익빈 부익부' 현상은 영화의 다양성을 크게 훼손시킨다.
- 한 해에 몇 편씩 만들어지는 천만 관객 영화가 바람직한 현상만은 아니다.
- 새로운 영화 환경인 '온라인 관람 시스템, 넷플릭스'도 스크린 독과점 문제를 해소시켜 줄 수 있을지는 미지수다.
- 관객이 영화에 직접 참여하는 영화 시스템인 '크라우드펀딩'을 관심 있게 지켜보자.

5 CHAPTER

마무리하며

선택을 강요받은 천만 관객 영화보다는 자신의 고유의 취향에 의해 선택한 '내 인생의 영화'를 쉽게 볼 수 있는 때가 와야 합니다. 진정한 영화의 가치를 되찾고, 한국 영화의 질적 향상을 가져올 수 있는 때야말로, 올바른 의미의 '한국 영화의 전성기'라고 부를 수 있지 않을까 생각합니다.

"넌 좋아하는 영화 열 개를 뽑으라면 뭘 뽑을 거야?" 이렇게 누군가가 묻는다면, 아마 개성에 따라 취향이 달라, 모두가 같은 영화를 뽑지는 않을 겁니다. 그리고 10편을 뽑으라면 열 편 모두가 관객 수 천만이 넘는 영화는 아닐 거예요. 오히려 천만이 넘는 영화가 반절도 안 뽑히는 결과에 더 놀랄 수 있습니다. 그렇다고 해서 천만 관객의 영화들이 분명 재미없지는 않았을 거예요.

제가 뽑은 10편의 인생 영화도 의외로 관객 수가 많지 않았어요. 또 명작으로 회자되는 영화들도 조사해 보면, 개봉 당시의 관객 수는 그리 많지 않아요.

"왜 천만 관객이 보는 영화가 오래 기억되지 못하는 걸까?"

천만 관객이 들었다는 영화는 영화를 산업적으로 살펴볼 때나 중요한 역할을 하죠. 하지만 영화는 산업적인 측면 이외의 중요한 부분이 있어요. 앞에서 말했듯이 영화가 지닌 예술적 가치죠. 어떤 가치가 더 우위에 있다는 말을 하자는 건 아니에요. 영화에는 다양한 가치가 존재하고 있는데, 그것이 한쪽에만 지나치게 치우치는 것을 막아 보자는 이야기에 더 가깝죠. 영화의 소비적인 측면, 즉 상업적인 측면만 지나치게 강조하다 보면 영화가 가진 정

햄버거만 먹으면 몸에 심각한 불균형이 오는 것처럼 획일적, 상업적 문화만을 섭취하면 문화 섭취의 불균형을 가져올 수 있다.

말 좋은 다른 부분을 놓칠 수 있기 때문이에요.

만약 아이를 키우는 부모의 입장에서 어떤 아이가 아침, 점심, 저녁 세 끼를 햄버거만 먹는다면 어떻게 해야 할까요? 가만히 놔두면 그 아이는 몸에 심각한 불균형이 오게 될 것이고 비만과 성인병 등이 금세 찾아올 거예요.

이처럼 우리 몸은 균형 있는 음식을 섭취해야만 몸의 균형이 유지되죠. 그래야 건강한 정신과 육체를 동시에 유지할 수 있어요. 우리가 섭취하는 문화도 이와 마찬가지에요. 한 가지 문화만 치우쳐 취하다 보면 건강하지 못하게 되죠. 그래서 자본가의 논리에 의해서 만들어진 상업 영화만을 섭취해서는 안 돼요.

어떤 때는 스스로 오락적으로 위안이 되는 영화를 선택하기도 해야 하고, 어떤 때는 철학적 사유를 할 수 있는 영화를 선택할 수도 있어야 해요. 그런데 모든 극장에서 하나의 영화만을 상영한다는 것은 우리의 정신 건강에 테러를 가하는 일이자 우리 사회에 여전히 선택을 강요하는 획일성이 자리 잡고 있음을 고백하는 일이지 않을까요?

거대 자본을 가진 대기업은 영화를 통해 사람들이 감동받거나 영화가 인생의 중요한 도움을 주는 일에 그다지 관심이 없어요. 영화표를 최대한 많이 팔아서 본전을 회수해야 하고, 팝콘과 콜라를 최대한 팔아서 더 많은 돈을 버는 데 관심이 있을 뿐이죠.

"팝콘을 팔아서 수익을 올리든, 영화표를 팔아서 수익을 올리든 무슨 상관이야?"

이렇게 말하는 극장주도 있을 거예요. 자본의 논리는 맹렬해서 그들이 만들어 내는 상품에 대한 애정이나 배려 따위는 끼어들 여지가 없어요. 다만 어떻게 하면 관객들의 주머니를 털 수 있을까가 최대의 관심사죠.

다시 말해, 우리나라 영화의 질적 향상을 위해 영화 제작 자본을 투자한 게 아니라, 영화 제작을 통해 돈을 벌어들일 수 있음을 알았기 때문에 투자하고 있는 거죠. 그들은 여러분들이 이거 볼까, 말까 하는 판단을 내리기도 전에 극장에 들어설 수 있도록 갖은 방법을 다 생각해 내요.

대기업은 영화 그 자체의 예술성보다는 돈이 되는 상업성을 중시한다. 더 나아가, 영화보다도 영화로 인해서 얻어지는 부가 수익에 더 큰 관심을 두기도 한다.

그렇다면 어떤 방법으로 우리의 선택권을 다시 찾을 수 있을까요? 자본가들이 영화 시장 전체를 지배하는 구조를 법으로 규제해야 해요. 대표적인 자본주의 국가인 미국조차 스크린 독과점은 자유로운 관람과 공정한 경쟁에 방해가 된다면서 규제를 결정했어요. 우리도 이 부분을 고려해야 해요.

우리도 스크린 독과점에 대해 불공정 거래로 인한 소비자의 권리가 침탈되고 있다는 문제를 해마다 제기하는 분위기를 조성해야 해요. 다양한 영화의 제작과 건강한 상영, 이것이 바로 우리의 진정한 문화의 힘을 지키는 길이며 우리의 권리라고 할 수 있어요. 스크린쿼터 사수 때부터 이어진 우리 문화 주권 지키기는 우리 스스로가 지켜내야 할 값지고 소중한 일이에요. 이런 일이야말로 진정한 영화의 가치를 되찾고, 한국 영화의 진정한 질적 향상을 가져올 수 있는 올바른 길일 거예요. 이런 굳은 믿음을 가져야 한국 영화의 새로운 전성시대를 맞이할 수 있을 것으로 기대해요.

"그러나 관객의 호응이 없으면 사라진다!"

생각해 보기

우리 주변의 영화관이 10개인데 그중 9개의 영화관을 가진 영화관 주인이 영화에 투자했다고 가정해 보자. 또 그가 자신이 만든 영화를 흥행시키기 위해 자신의 영화관 전체에서 자신이 만든 영화만을 상영했다고 가정해 보자. 이러한 가정이 옳기나 할까? 또 이로 인해 생기는 우리 관객들의 손해는 무엇이라고 생각하는가?

함부르크 선언을 통해 작가주의 감독들이 말했듯이, 관객들이 깨닫고 호응하지 못하면 관객들도 좀 더 다양한 선택을 할 수 있는 기회를 스스로 잃어버리게 되죠. 천만 관객 영화의 홍수 속에서 자본가들에게 종속되는 관람 문화에서 벗어나기 위해서 스크린 독과점 문제를 심도 있게 고민해 봐야 해요. 관객 스스로 문화를 상업적 가치로 판단하기보다는 자신이 주체가 되어 스스로 영화를 찾아볼 수 있는 선택의 권리를 되찾기 위해 노력해야 한다고 생각해요.

예술의 가장 중요한 가치는 '자유로움'에 있어요. 자본가들의 상업적 정서가 지배적으로 점철된 오락 부분만을 추구하는 영화 소비는 균형적인 것이라고 부를 수 없어요.

마치 자극적인 맛은 있지만 영양가가 적은 패스트푸드를 적게 먹자고 하는 운동이 확산되고 있듯이, 문화도 그 균형감을 조절할 필요가 있다고 생각해요. 풍부하고 영양가 있는 식단으로 영화를 골고루 섭취한다면 좀 더 나은 영화 감상을 한다고 말할 수 있지 않을까요?

스크린 독과점은 우리 사회에 천만 관객 영화라는 신드롬을 선사하며, 기업에게는 엄청난 이익을 선사했어요. 하지만 관객의 입장에서는 오히려 다양한 영화를 볼 수 있는 권리와 선택의 자유를 억제당한 꼴이 되었죠.

물론 이런 과정을 통해 한국 영화의 퀄리티가 높아졌다는 것도 전혀 일리가 없는 말은 아니지만, 다양한 표현을 억제하는 부정적인 역할을 더 많이 했다고 봐야 하겠죠.

우리가 좋은 음식을 골라 먹을 자유가 있듯이, 우리는 좋은 영화를 골라 볼 자유가 분명히 있는 거예요. 그걸 스스로 포기하게 만드는 게 바로 '스크린 독과점'이죠. 스크린 독과점은 우리 스스로 우리의 문화 주권을 빼앗아 버리는 무서운 도구이자 수단이라고 할 수 있죠.

간추려 보기

- 영화가 지닌 상업적 가치와 예술적 가치를 고루 균형 있게 바라보는 시각이 필요하다.
- 대기업 자본으로 만들어진 영화만이 재밌는 영화란 공식을 버리고, 작가주의 영화에도 뜨거운 관심을 기울여야 할 때다.
- 우리가 영화를 올바로 선택할 수 있는 권리를 찾기 위해 하루빨리 스크린 독과점을 규제할 수 있는 방법을 찾고, 이를 실천해야 한다.

용어 설명

구소련 소비에트 사회주의 공화국 연방이 해체된 후 연방을 통틀어 이를 때 쓰는 말.

구텐베르크 독일의 활판 인쇄 발명자(1398~1468). 주형(鑄型)으로 활자를 만들고 인쇄기를 발명하여 1455년경 〈구텐베르크 성서〉를 출판했다.

국뽕화 민족주의를 폄하하는 말.

내러티브 실제 혹은 허구적인 사건을 설명하는 것 또는 기술(writing)이라는 행위에 내재되어 있는 이야기적인 성격을 지칭하는 말.

다양성 영화 작품성, 예술성이 뛰어난 소규모 저예산 영화. 상업 영화와 대비되는 의미로 사용된다. 2007년 영화진흥위원회가 발표한 '시네마워크 사업계획안'에 언급된 용어로 독립 영화, 예술영화, 다큐멘터리 영화 등을 총칭하는 말로 쓰인다. 대규모의 제작비를 들여 만드는 상업 영화와 달리 소규모의 제작비가 투입된다. 배급이나 상영 규모에 있어서도 소규모로 진행되며, 장르에 제한이 없어 다양한 소재나 문제를 자유롭게 다루거나 실험적 시도에 의해 영화가 제작되기도 한다.

다큐멘터리 실제로 있었던 어떤 사건을 사실적으로 담은 영상물이나 기록물.

단성사 단성사(團成社)는 1907년 서울특별시 종로에 세워진 대한민국 최초의 상설 영화관이다.

러닝타임 방송 프로그램이나 영화의 상영 길이. 대개 분 단위로 측정된다.

멀티플렉스(Multiplex) 다수의 상영관이 한 건물에 몰려있는 형태의 영화관으로 일부 독립 영화관/예술영화관을 제외하면 사실상 국내외 거의 모든 영화관은 이 멀티플렉스다. 최초로 창안한 사람은 현재 바이어컴 CEO로 재직중인 섬너 레드스톤이며, 세계 최대의 멀티플렉스 극장은 1997년 벨기에의 브뤼셀에서 개관한 시네플렉스다. 상영관 30개, 좌석 9,500석을 갖추고 있다. 영화진흥위원회는 전국 CGV, 롯데시네마, 메가박스의 직영 및 위탁 경영 지점과 기타 7개관 이상 모든 극장을 멀티플렉스로 집계하고 있다.

박스오피스 박스오피스(box office) 또는 매표소(賣票所)는 영화나 공연을 관람할 수 있는 입장권을 판매하는 장소다. 더 넓은 의미의 박스오피스는 공연, 특히 영화 산업에서 각 영화의 흥행 결과를 알 수 있는 총수입액을 의미하기도 한다.

볼셰비키 혁명 1917년 2월 혁명에 이은 러시아 혁명의 두 번째 단계이다. 10월 혁명은 블라디미르 레닌의 지도하에 볼셰비키들에 의해 이루어졌으며, 카를 마르크스의 사상에 기반을 둔 20세기 최초이자, 세계 최초의 공산주의 혁명이었다.

블록버스터(Blockbuster) 초대형 폭탄이란 뜻으로 제2차 세계대전에 영국 공군이 쓰던 4.5 톤의 거대한 폭탄의 이름이다. 제2차 세계대전 당시 영국 공군이 4.5톤의 폭탄을 독일 폭격에 사용하게 되는데 한 구역을 모조리 날려 버릴 수 있는 엄청난 위력을 지녔다 하여 붙여진 이름이다. 그 후 할리우드에서 히트작들을 일컬을 때 블록버스터를 쓰기 시작했는데 영화에서는 매표 매출액이 4억 달러 이상 넘어간 영화들을 말하거나 혹은 제작비용이 많이 든 영화를 가리키는 대명사가 된다. 대표적인 예를 들면 타이타닉(1997년 영화), 스타워즈 시리즈 등을 들 수 있다. 최근엔 히트작 등을 말할 때 쓰이게 됐다. 한국 영화에서도 〈퇴마록〉, 〈쉬리〉 등에서 한국형 블록버스터라는 이름이 붙기 시작했다.

선동성 남을 부추겨 어떤 일이나 행동을 하게 하는 성질.

세뇌성 사람이 본디 가지고 있던 의식을 다른 방향으로 바꾸게 하거나, 특정한 사상 · 주의를 따르도록 뇌리에 주입하는 성질.

손익 분기점 한 기간의 매출액이 당해 기간의 총비용과 일치하는 점. 비용을 회수하기 위하여 필요한 매출액을 의미하며, 매출액이 이 점을 넘으면 이익이 생긴다.

스크린 수 영화 산업에서 쓰는 말로 영화 상영을 하는 극장과 같은 뜻이다.

스타 시스템 인기 있는 배우를 중심으로 하는 기획 및 연출 방식. 배우의 인기로 관객의 관심을 끌어서 상업적 효과를 얻는 데 목적이 있다.

엔딩 크레디트 영상이 끝나고 제작 참여자들의 명단이 나열되며 나오는 것이다. 영화, 텔레비전 프로그램, 비디오 게임 등 영상 작품의 엔딩에는 일반적으로 서브 주제곡과 함께 프로덕션, 스태프, 출연자 등 참여한 사람들의 명단이 포함된다.

옥관문화훈장 문화 예술 발전에 공을 세워 국민 문화 향상과 나라 발전에 기여한 공적이 뚜렷한 사람에게 주는 훈장 중 하나로, 금관, 은관, 보관, 옥관, 화관의 다섯 등급이 있다.

인센티브 어떤 행동을 하도록 사람을 부추기는 것을 목적으로 하는 자극. 특히 종업원의 근로 의욕이나 소비자의 구매 의욕을 높이는 것을 이른다. '유인책', '조성책'으로 순화.

자유무역협정 둘 이상의 나라가 서로 수출입 관세와 시장 점유율 제한 등의 무역 장벽을 제거하여 무역을 자유롭게 하는 협정. FTA.

적자생존 환경에 적응하는 생물만이 살아남고, 그렇지 못한 것은 도태되어 멸망하는 현상이다. 영국의 철학자 스펜서가 제창했다.

정체성 변하지 아니하는 존재의 본질을 깨닫는 성질. 또는 그 성질을 가진 독립적 존재.

치맥 치킨과 맥주의 합성어다.

칸영화제 1946년부터 매년 프랑스의 칸에서 열리는 국제 영화제로 가장 예술 영화 부분에서는 세계에서 가장 권위 있는 영화제 중 하나다.

크라우드펀딩(Crowd funding) 소셜 네트워크 서비스를 이용해 소규모 후원을 받거나 투자 등의 목적으로 인터넷과 같은 플랫폼을 통해 다수의 개인들로부터 자금을 모으는 행위이다. '소셜 펀딩'이라고도 하나, 정확한 용어는 아니다.

포스트프로덕션(=후반 작업) 영화에서, 촬영한 영상을 극장에서 상영할 수 있는 상태로 만들기 위해 하는 모든 작업이다. 편집, 타이틀 제작, D I, 음향 효과, 음악 등의 모든 작업을 말한다. 영화의 주요 작업으로는 사전 작업을 총칭하는 프리 프로덕션(Pre-production 사전 작업)과 실제 촬영 작업을 하는 프로덕션(Production),

포스트프로덕션(Post-production) 등으로 크게 나눌 수 있다.

프락치 특수한 사명을 띠고 어떤 조직체나 분야에 들어가서 본래의 신분을 속이고 몰래 활동하는 사람.

연표

1895년 프랑스의 뤼미에르 형제가 발명한 '시네마토그라프'가 유료로 대중들에게 첫 선을 보였다. 이때를 영화의 탄생으로 보고 있다.

1921년 파라마운트의 아돌프 주커(Adolph Zukor)는 미국에 400여 개의 개봉관 극장을 소유했다. 그는 수직 통합이라는 확고한 방법론으로 점차 영화 산업을 독점하기 시작했다.

1934년 일제 강점기에 처음으로 스크린쿼터 제도가 시작되었다. 일제 강점기 조선총독부령 제82호로 제정된 '활동사진영화취체규칙'을 그 시작이라 할 수 있다.

1962년 2월 28일 독일 오버하우젠 단편 영화제에서 젊은 작가들이 '오버하우젠 선언'을 발표했다. 26명의 젊은 작가들이 발표한 이 선언문 발표 이후, '새로운 독일 장편 영화'를 설립하는 계기가 되었다. 이들은 1960년대 후반 '뉴 저먼 시네마'의 중요한 선구자로 볼 수 있다.

1966년 한국 영화 연간 6편 이상 상영, 한국 영화 연간 90일 이상 상영 일수를 준수할 것을 의무화하는 스크린쿼터가 제정되었다.

1970년 한국 영화 연간 3편 이상 상영, 총상영 일수 30일 이상을 의무화하는 스크린쿼터로 그 기간이 축소되었다.

1973년 한국 영화 연간 상영 일수 1/3 이상, 즉 121일을 의무화할 것으로 스크린쿼터 기간이 강화되었다.

1979년 독일 영화인들이 '함부르크 선언'을 발표했다. "우리는 프로이며, 우리의 영화를 보든 말든, 심지어 우리 영화와 전혀 다른 영화를 꿈꾸는 관객일지라도 우리의 동조자다. 우리는 계속 나아갈 것이다." 이 선언은 독일 뉴 저먼 시네마를 이끌었던 세대들이 사라져 간 계기가 되었다.

1985년 한국 영화 연간 상영 일수 2/5 이상, 즉 146일을 의무화할 것으로 스크린쿼터가 더욱 강화되었다.

1993년 서편제 100만 관객 돌파 기록을 세우다. 단관 극장으로서 이룩한 최고 기록이며, 6개월 장기 상영의 결과이기도 하다.

1998년 CGV가 서울 강변역 테크노마트에 개관했다. 이는 대한민국 최초의 멀티플렉스 극장이다.

1999년 한국형 블록버스터 영화인 〈쉬리〉가 개봉했다. 한국 영화 사상 최단 기간에 "서울 관객 200만 명 돌파"라는 대기록을 세웠다.

2004년 〈실미도〉가 한국 최초로 천만 관객을 넘은 영화가 되었다.

2006년 한국 영화 연간 상영 일수가 146일에서 73일로 스크린쿼터가 절반으로 축소 실행되었다. 이는 대미 관계에서의 무역 실익을 추구하자는 정부의 판단에 의해 이루어졌다.

2013년 〈명량〉이 개봉했다. 한국 영화 관객 1,700만 명을 돌파하는 대기록을 세웠다. 이는 한국 영화 역대 최고 관객 기록이다.

2013년 한국 영화의 한 해 관객 수가 2억 명을 돌파했다(2억 1,335만 명). 이는 우후죽순으로 늘어나는 멀티플렉스 극장의 확장과 대기업의 한국 영화 진출 등이 주된 원인으로 지목되고 있다.

2016년 한국의 멀티플렉스 극장 스크린 수(2017년 기준)가 2,575개가 되었다.

2017년 〈군함도〉가 개봉했다. 〈군함도〉의 스크린 수가 한국 영화의 신기록을 세웠다. 첫날 2,027개 영화관에서 개봉한 것으로 기록되고 있다(영화진흥위원회 자료 기준).

더 알아보기

영화진흥위원회 http://www.kofic.or.kr/kofic/business/main/main.do

KOFIC(Korean Film Council) 또는 영진위라고도 부른다. 영화의 질적 향상을 도모하고 한국 영화 및 영화 산업의 진흥을 목적으로 1973년에 설립된 문화체육관광부 산하 단체다. 박스오피스 등의 데이터를 매일 업그레이드 하고 있으며, 영화에 관한 모든 자료들이 관리되고 있다.

한국영상자료원 https://www.koreafilm.or.kr/main

한국영상자료원은 국내외 영화 필름과 함께 다양한 비필름 자료들(비디오 물, 오디오 물, 포스터, 스틸, 시나리오, 도서, 정기간행물, 의상, 소품, 영화인 애장품)을 포함하여 모든 영상 자료를 수집하고 있다. 영화 필름은 극영화와 함께 뉴스릴, 기록물 등의 비극영화까지, 다양한 규격의 필름부터 최근 디지털 파일까지 모두가 수집 대상이다. 한국영상자료원은 국내뿐 아니라 해외에 산재되어 있는 영상 자료들 역시 적극적으로 발굴, 수집하고 있다.

KOBIZ http://www.kobiz.or.kr/new/kor/main/intro.jsp

국내외 영화 제작에 필요한 다양한 비즈니스 콘텐츠를 제공하는 온라인 비즈니스 플랫폼 서비스다.

한국 영화아카데미(KAFA, Korean Academy of Film Arts)

http://www.kafa.ac/index.do

영화 전문 인력 양성을 위해 영화진흥위원회에서 1984년 설립한 영화전문 교육기관이다. 소수정예로 영화 연출, 촬영, 애니메이션, 프로듀싱 전공을 운영하고 있으며, 2006년부터는 장편 과정을 신설하여 매년 4편의 장편 영화를 직접 제작하는 현장 실무형 교육을 진행하고 있다. 교육 과정을 통해 제작 완성된 영화의 대부분은 국내외 영화제에 진출하여 다수의 수상 실적으로 해마다 많은 주목을 받고 있다. 지금까지 700여 명의 영화 인재를 배출한 국내 최고의 영화 전문 교육기관이다.

찾아보기

내인생의책은 한 권의 책을 만들 때마다
우리 아이들이 나중에 자라 이 책이 '내 인생의 책'이라고 말할 수 있는 책을 만들고자 합니다.

세상에 대하여 우리가 더 잘 알아야 할 교양

58 스크린 독과점 축복인가? 독인가?

한기중 지음

초판 인쇄일 2018년 4월 20일 | 초판 발행일 2018년 4월 27일
펴낸이 조기룡 | 펴낸곳 내인생의책 | 등록번호 제10-2315호
주소 서울시 마포구 독막로 37
전화 (02) 335-0449, 335-0445(편집) | 팩스 (02) 6499-1165

ISBN 979-11-5723-386-1 (44300)
978-89-97980-77-2 (세트)

책값은 뒤표지에 있습니다. 잘못된 책은 구입처에서 바꾸어 드립니다.

이 도서의 국립중앙도서관 출판시도서목록(CIP)은 e-CIP 홈페이지(http://www.nl.go.kr/ecip)에서 이용하실 수 있습니다.
(CIP제어번호: 2018011275)

내인생의책에서는 참신한 발상, 따뜻한 시선을 가진 원고를 기다리고 있습니다. 원고는 내인생의책
전자우편이나 홈카페를 이용해 보내 주세요. 여러분의 소중한 경험과 지식을 나누세요.

전자우편 bookinmylife@naver.com | **홈카페** http://cafe.naver.com/thebookinmylife

어린이제품안전특별법에 의한 제품 표시

제조자명 내인생의책 | **제조년월** 2018년 4월 | **제조국** 대한민국 | **사용연령** 5세 이상 어린이 제품
주소 및 연락처 서울시 마포구 독막로 37 (02) 335-0449 | **담당 편집자** 김영하